BLUMEN FÜR DIE HOCHZEIT

BLUMEN FÜR DIE

HOCHZEIT

FLORISTISCHE IDEEN

FÜR EINE TRAUMHAFTE TRAUUNG

MONIKA KRATZ

Mit 44 Farbfotos

FLORISTIK
ULMER

Titelbild:
Roland Krieg, Waldkirch
Frontispiz: Blütenschleier (Seite 42/43)

Die Deutsche Bibliothek – CIP-Einheitsaufnahme
Ein Titeldatensatz für diese Publikation ist bei Der Deutschen Bibliothek erhältlich.

Wollgrasweg 41 · 70599 Stuttgart (Hohenheim)
E-mail: info@ulmer.de
Internet: www.ulmer.de
Lektorat: Anke Ruf
Printed in Germany
Layout und Produktion: Birgit Beyer, Köln
Reihengestaltung: Michael Ditter, Köln
Reproduktionen: kölnermedienfabrik kmf AG, Köln
Druck und Bindung: Appl, Wemding

ISBN 3-8001-3812-3

INHALT

EINLEITUNG

Der Blumenschmuck zur Hochzeit nimmt innerhalb der Floristik einen solch breiten Raum ein, dass man diesem Thema mit Leichtigkeit mehrere Bände widmen könnte. Es gibt allein hunderte von Brautstraußvarianten, dazu die verschiedenen Möglichkeiten, die Personen im wahrsten Sinne des Wortes von Kopf bis Fuß mit Blumen zu verzieren: Blumen im Haar und am Schuh, Corsagen, also Ansteckblumen am Kleid der Braut und am Anzug des Bräutigams, Kränzchen für die Blumenkinder und Brautjungfern. Alle Gäste können mit Blumen ausstaffiert werden. Alle Orte, an denen sich das Brautpaar aufhält, sollen ebenfalls floral geschmückt werden, von der Kirche bis zur Festtafel zu Hause oder im Restaurant, und nicht zu vergessen das Hochzeitsgefährt, ob Pferdekutsche, Kleinwagen oder elegante Limousine. Da fällt die Entscheidung schwer.
In diesem Buch finden Sie von allem etwas. Die Techniken sind so gewählt, dass Sie alle Dekorationen auch ohne viel Übung fertigen können. Die Gestaltungsideen dürfen und sollen Sie nach eigenen Vorlieben, nach Jahreszeit und Geldbeutel variieren. Sie werden sehen, es macht großen Spaß. Schließlich ist ein selbst gefertigter Blumenschmuck ein ganz besonderes Hochzeitsgeschenk!

BRAUT-
STRÄUSSE

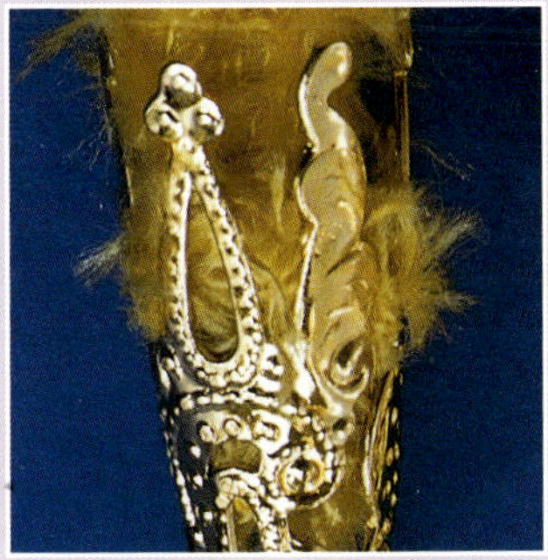

BIEDERMEIER-VARIATIONEN
Schlichte, runde Sträuße
mit Manschetten aufwerten
BRAUTSTRÄUSSE
MIT PERLENSCHMUCK
Verspielte Verzierungen
als Glanzpunkte einsetzen
ARMSTRÄUSSE
SCHLICHT UND FÜLLIG
Extravagante Brautsträuße
effektvoll in Szene setzen
BRAUTMUFF UND
BRAUTSCHAL
Brautschmuckideen entwickeln,
die keine Sträuße sind

Der Blumenstrauß ist das wichtigste Attribut der Braut. Zusammen mit dem Brautkleid und dem Schleier zählt er laut Brockhaus sogar zur Brautkleidung. Es versteht sich von selbst, dass dieser blumige Schmuck höchst individuell auf die Braut und das Kleid zugeschnitten sein sollte und zwar in Größe, Stil und Farbe. Sie muss sich mit dem Strauß in der Hand – für alle Bräute zunächst einmal eine ungewohnte Situation – mehrere Stunden lang wohl fühlen können. Und mehr noch: sie sollte in dem individuell für sie gefertigten Gebinde etwas von sich selbst wiederfinden, vielleicht ihre Lieblingsblumen oder Lieblingsfarbe, ein Duft, den sie besonders mag, Blumen, Zubehör oder Schmuckformen, wie etwa Ring oder Herz, mit symbolischer Bedeutung. Es gibt viele emotionale, persönliche Verbindungen, die geschaffen werden können. Voraussetzung ist natürlich, man kennt die Braut. Dann lässt sich mit einem Brautstrauß aus frischen Blumen so viel ausdrücken; er ist dann viel mehr als nur Dekoration. Nehmen Sie unsere acht Beispiele als Basis für vielfältige Inspirationen!

BIEDERMEIER-VARIATIONEN

Schlichte, runde Sträuße mit Manschetten aufwerten

Wenn Sie noch nie einen Strauß nach Floristenmanier gebunden haben, können Sie sich an den Arbeitstipps im Anhang orientieren, wo diese Technik detailliert beschrieben ist. Der kleine »rundgebundene« Strauß, landläufig als »Biedermeier« bezeichnet, eignet sich auch als schlichte Form des Brautstraußes. Wichtig ist eine abschließende Manschette, sei es aus grünen Blättern, einem ummantelten Pappring oder einer fertigen Stoffmanschette. Biedermeier passen zu einer Braut mit kindlich-verspieltem Charakter oder mit bescheidenem Auftreten, zu einem Brautkleid mit kürzerem Rock oder schlichter Silhouette. Die halbkugelige Straußkuppel kann man am schnellsten formen, wenn man Blumen wählt, die einen besonders großen Kopf oder aber üppige, buschige Blütenstände haben. Zum Beispiel braucht es nur eine einzige offene, gefüllte Bauernpfingstrose, einen Stiel Rhododendronblüten oder – je nach Größe – einen oder drei Hortensienbälle für eine hübsche Biedermeier-Variation.

SIE BRAUCHEN *(Bild 1):*

- *Blüten in Rosa/Pink: Rosen, dazu kleinere Blüten wie Hortensie (Einzelblütchen), Bergenie, Fuchsie, Geranie*
- *Beiwerk: blauschwarze Beeren, z.B. von Schneeball oder Mahonie*
- *Manschette: ganzrandige Blätter, z.B. von Bergenie, Salal, Efeu, Galax*
- *Bindebast*

Alternative (Bild 2 + 3):

- *1 Ballhortensie*
- *Manschette: blaue Pappe, weißes Tüllband, Perlen, Hortensien-Einzelblüten, dünne Zierkordel*
- *Griff: Orchideenröhrchen, Heißkleber, Sisalfaser, Sprühkleber, hellblaues Satinband*

1 Dieses ist der Prototyp eines einfachen »rundgebundenen« Sträußchens mit natürlichen Stielen. Halten Sie 2 Blumenstiele (für die Straußmitte) gekreuzt in der einen Hand und legen Sie mit der anderen Stiel um Stiel rundherum an – Blüten, Beiwerk und als Abschluss die Blätter – wie ein verdrehtes Mikadobündel. An der schmalsten Stelle mit Bast zusammenbinden. Die Blütenköpfe sollen relativ dicht in einer Kuppelform angeordnet sein.

2 + 3 Einfach, doch effektvoll: Eine einzige Ballhortensie reicht für dieses Sträußchen. Bereiten Sie zunächst die Manschette vor: In die Mitte der Pappscheibe ein ca. 5 cm großes Loch schneiden, trockene Hortensienblütchen und Perlen aufkleben, Tüllband durch das Loch ziehen und die Scheibe damit umkleiden. Auf den Rand Zierkordel kleben. Wasserröhrchen durchstecken und mit Heißkleber fixieren. Diese Griffbasis dick mit Sisalfaser umwickeln. Sprühkleber dazwischen macht sie rutschfest. Sauber mit breitem Satinband abwickeln, das Ende festkleben oder mit einer kleinen Sicherheitsnadel unsichtbar feststecken. Zum Schluss kurzfristig eine frische Hortensie einstecken. Dieser Strauß ist sehr leicht an Gewicht und eignet sich zum Eintrocknen.

2

BRAUTSTRÄUSSE MIT PERLENSCHMUCK

Verspielte Verzierungen als Glanzpunkte einsetzen

Den schmückenden Charakter des Brautstraußes, seinen festlichen, kostbaren Ausdruck kann man einerseits mit edlen Blüten oder einer üppigen Form erzielen. Andererseits bieten sich Zubehörprodukte an wie schimmernde Perlen und Pailletten, Strasssteinchen, Spiegelchen, Glaskristalle, goldene oder silberne Zierdrähte und viele andere glänzende Materialien. Diese reflektieren das darauffallende Licht und sorgen so für zusätzliche Aufmerksamkeit. Perlen und ähnliche Schmuckteile suggerieren zudem an sich schon etwas Wertvolles.

Bei unseren Beispielen haben wir möglichst wenig Accessoires verarbeitet. Aber selbstverständlich ist auch dies eine Geschmackssache und es gibt einen großen Freiraum, den Sie mit Ihrer Fantasie anfüllen können. Allerdings: Wenn schon frische Blumen, dann sollten diese immer die Hauptsache im Brautstrauß bleiben. Übrigens dürfen die »Perlen« auch mal glänzend polierte Hagebutten sein...

SIE BRAUCHEN *(Bild 1 + 2):*

- *Brautstraußhalter aus Kunststoff und Frischsteckschaum (= »Bridy«)*
- *frische, dünne Ranken, hier Schlingknöterich (Fallopia baldschuanica)*
- *Rosen-Mix (am besten dicht gefüllte wie Historische oder Englische Rosen)*
- *kleine Hagebutten mit Stielchen*
- *Golddraht, Heißkleber*
- *Lavendellaub*
- *breites Band*

Alternative (Bild 3):

- *»Bridy« wie oben*
- *cremeweiße Rosen, evtl. dazu andere weiße Blümchen*
- *Mini-Rosenknospen, Zierspargel, Muehlenbeckia*
- *Silberdraht, Perlen*
- *Heißkleber*
- *2–3 Tüllmanschetten*
- *weißes Band*

1 + 2 Zunächst den Brautstraußhalter wässern. Dann einen dicken Strang aus Knöterichranken verdrehen und zu einem Ring formen. Diesen um den Bridy-Kopf legen und mit kleinen Drahtstückchen am Plastikgitter befestigen. Die Rosen kurz schneiden und von der Mitte ausgehend kuppelförmig in den Kopf des Bridy stecken. Den Plastikgriff mit elastischem Lavendellaub umlegen, sodass die Spitzen bis unter die Rankenmanschette reichen. Mit Draht festzurren und die Griffstelle mit farblich passendem Band abwickeln. Die Hagebutten mit Golddraht andrahten und rundum in die Ranken hängen. Eine einzelne Hagebutte ans Griffende kleben.

2

3 Bridy wässern, Griff trockentupfen. 2–3 Tüllmanschetten von unten auf den Griff schieben und jeweils mit Heißkleber oder Draht befestigen. Es gibt auch fertige Kombinationen. Rosen kurz schneiden (schräger Anschnitt!) und Kopf an Kopf kuppelförmig stecken, dazwischen evtl. einzelne andere weiße Blumen wie Mini-Chrysanthemen, Margeriten oder Jungfer-im-Grünen stecken. Den Griff mit weißem Band bis über den Ansatz der Manschetten sauber abwickeln. Sie können aber auch aus Stoff ein Säckchen in Größe des Griffs nähen und überstülpen, eventuell am oberen Rand mit etwas Heißkleber fixieren oder mit Silberdraht festwickeln. Zum Schluss ca. 5–6 Girlanden aus Silberdraht mit aufgefädelten Perlen, Rosenknospen, Muehlenbeckia-Trieben und Spargelgrünspitzen fertigen, eine oder zwei davon auch über die Rosen ziehen, den Rest an einer Seite in die Tüllmanschetten einhängen und ca. 30–40 cm weit herabhängen lassen.

3

1

ARMSTRÄUSSE SCHLICHT UND FÜLLIG

Extravagante Brautsträuße effektvoll in Szene setzen

Die meisten Brautsträuße, ob kurz oder lang abfließend, ob mit Naturstielen gebunden oder auf Bridy gesteckt, werden in der Hand gehalten. Es gibt jedoch auch Formen, die ganz anders getragen werden: die Armsträuße. Dabei liegen die meist langen Stiele schräg über dem rechten Arm, die Blüten sind nach außen gerichtet. Die Handfläche ruht als Gegengewicht auf den Stielen in Höhe der Bindestelle. Unsere beiden Beispiele präsentieren sich optisch extrem verschieden. Der eine üppig wallend, eine Kaskade von feinstrukturiertem Grün und rüschigen Blüten, nostalgisch anmutend aus Nelken und Zierspargel gebunden und passend für die romantische Braut mit weitausgestelltem Prinzessinnenkleid. Der andere chic und modern, in linienbetonter Strenge gestaltet, auf eine einzige Blumenart reduziert, nämlich die Calla mit ihrem glattem Schaft und ohne grünes Blatt. Hier liegt der Clou in der künstlichen und kunstvoll gestalteten Verlängerung der Stiele, die diesen Brautstrauß zum Hingucker macht.

SIE BRAUCHEN *(Bild 1 + 2):*

- *15–20 Edelnelken*
- *ca. 10 Stiele Spraynelken gleicher Farbe (30–40 Blüten und Knospen)*
- *langtriebigen Zierspargel (Asparagus setaceus 'Plumosus')*
- *dicken Golddraht (Wickeldraht)*
- *Bindebast*
- *Zierkordel*

Alternative (Bild 3 + 4):

- *7 kleinblütige Calla*
- *Spanndraht (1–2 mm stark), 50–60 cm lange Stücke*
- *Effektband, z.B. Fransenband, Federband, Zierkordel etc.*
- *Myrtendraht in Gold und Silber*
- *goldene Bandspitzen aus Metall*
- *Bohrmaschine*
- *Heißkleber*
- *Organzaband*

1 + 2 Die Spraynelkenköpfe mit ca. 1 cm Stiel abschneiden und einzeln andrahten. Dafür entweder den Golddraht mehrmals eng um das Stielstück wickeln oder den Nelkenkopf seitlich mit dem Draht durchstechen und anschließend den Stiel samt zurückgebogenem Drahtende umwickeln. Die Länge der Drahtstücke sollte variieren, etwa zwischen 20 und 60 cm. Diese gedrahteten Spraynelken, das Spargelgrün und die Edelnelken abwechselnd aufnehmen und mit den längsten Stielen beginnend – einen einseitig abfließenden Strauß binden (Spiraltechnik, siehe Arbeitstipps). Mit Bast zusammenbinden, Drähte kürzen und umbiegen. Die Bindestelle mit einer Schmuckkordel verschönern und dabei die Drahtenden kaschieren. Die natürlichen Stiele so lang wie möglich lassen, damit die Hand der Braut darauf liegen kann als Gegengewicht zu dem weit über den Arm fallenden Strauß.

3 + 4 Die Calla-Stiele verschieden lang abschneiden. Spanndraht in die Bohrmaschine spannen, Draht auf dem Tisch aufliegen lassen. Ein Effektband ans andere Drahtende halten (oder kleben), auf kleinster Stufe drehen lassen. Durch die Rotation lässt sich das Band sehr schnell auf den Draht wickeln. Den Vorgang mit einem zweiten Band und eventuell auch mit Myrtendraht wiederholen. Auf das Ende eine metallene Bandspitze kleben. Umwickelten Spanndraht aus dem Bohrfutter lösen und dieses Ende in einen Callastiel stecken. Den Übergang mit dem gleichen Band und Myrtendraht umwickeln. Die so verlängerten Calla mit Bast zusammenbinden und die Bindestelle mit einer Schleife aus Organzaband betonen.

4

1

BRAUTMUFF UND BRAUTSCHAL

Brautschmuckideen entwickeln, die keine Sträuße sind

Die übliche Straußform vermittelt mehr oder weniger, dass Blumen in der Hand garbenähnlich zusammengefasst sind. Gebunden oder gesteckt, langstielig oder »kurz und knuffig«, das spielt keine Rolle, alles wird ohne weiteres als Strauß erkannt. Aber anstelle eines »richtigen« Straußes können auch andere florale Gebinde getragen werden. Dank mutiger Bräute und experimentierfreudiger Floristen sind mittlerweile viele Alternativen bekannt: senkrechte Kranzformen, rund oder oval, Blütenkugeln mit herabhängenden Ranken, Stabgebinde und Zepter, Körbchen und Füllhorn, filigrane Blumenherzen, Fächer und Mondsichel und – wie unsere Beispiele zeigen – Muff und Brautschal. Der Schal besteht meist aus einem Drahtnetz mit eingehängten, gedrahteten Materialien, mit oder ohne Stoffunterlage. Ein Muff macht Sinn, wenn die Hochzeit in der kalten Jahreszeit stattfindet, auch wenn die florale Version natürlich keine wärmenden Handschuhe ersetzt. Probieren Sie es mit verschiedenen flauschigen Materialien wie Clematis-Fruchtständen, echten Baumwollbäuschen, behaarten »Eselsohren« (Stachys-Blätter) oder gelben Mimosen!

SIE BRAUCHEN *(Bild 1):*

- *Papprolle, Ø ca. 15 cm, 25–30 cm lang*
- *Sisalfaser, evtl. Samt*
- *kleines Plastik-Orchideenröhrchen*
- *halbreife Fruchtstände der Waldrebe (Clematis vitalba)*
- *1 Phalaenopsis-Orchidee, evtl. Ranken*
- *Sprühkleber, Heißkleber*

Alternative (Bild 2 +3):

- *1–2 Armreifen*
- *Drahtgeflecht mit Goldperlen (ca. 10 x 150 cm)*
- *Myrtendraht in Gold*
- *Grün: schmale Rohrkolben-Blätter, Muehlenbeckia-Triebe, Zimmer-Efeu*
- *kleine Blüten: z.B. Fuchsien, Geranien, Begonien, Sanvitalia, Seidenpflanze, Jungfer-im-Grünen*
- *kleine Früchte: z.B. Zierpaprika, Zieräpfelchen, Johanniskraut*

1 Eine Papprolle (fertig oder selbst gebastelt) mittels Sprühkleber mit Sisalfaser umkleiden. Darauf mit Heißkleber die haarigen Clematis-Fruchtstände dicht an dicht aufkleben. Ein wassergefülltes Orchideenröhrchen versetzt von der Mitte in dem dichten »Pelz« versenken und festkleben. Die Orchideenblüte hineinstecken. Für eine luxuriösere Version polstern Sie die Rolle innen mit Samt und stecken zur Orchidee noch zarte, abfließende Ranken wie Muehlenbeckia. Variation im Frühling: ein Muff aus gelben Mimosen oder Weidenkätzchen!

2 + 3 Das Draht-Perlen-Geflecht mittig umschlagen und mit Myrtendraht auf zwei Armreifen »nähen«. Die Enden des Schals hängen zu beiden Seiten der Armröhre etwa 70 cm weit nach unten. Die Myrtendrahtstücke recht lang lassen, so können sie gleich zum Auffädeln der ersten Blüten und Früchte dienen. Weitere solcher Girlanden fertigen und in das Geflecht einhängen. Ebenso die zierlichen Blätterranken. Alles leicht durchweben, damit nichts lose herumbaumelt. Zum Schluss noch einige schmale Blätter oder Gräser senkrecht durchziehen.

3

FLORALER KOPFSCHMUCK

BRAUTKRANZ UND BLÜTENDIADEM
Klassische Bekränzungen als stilvollen Brautschmuck wählen

BLÜTEN AUF KAMM UND HAARSPANGE
Mit Haarcorsagen elegante Blumenakzente setzen

EINZELBLÜTEN UND GIRLANDEN IM HAAR
Die Frisur mit zierlichen Blütentupfern ergänzen

BLÜTEN FÜR BRAUTSCHLEIER UND HUT
Die Kopfbedeckung der Braut mit Blumen reich verzieren

Ein Kopfputz dient ganz allgemein der Hervorhebung des Trägers. Je höher, ausladender, auffälliger oder kostbarer, desto eindrücklicher wird darauf hingewiesen. Doch Prunk ist kein Muss, gerade beim bräutlichen Kopfschmuck. Dezente Varianten kommen meist besser an. Das gesamte Erscheinungsbild der Braut sollte harmonisch wirken. Das bedeutet, dass innerhalb des Blumenschmucks der Brautstrauß das Hauptwerkstück darstellt und alle anderen Verzierungen an der Braut (und auch am Bräutigam) sich dem unterordnen. Harmonische Verbindungen schafft man durch Wiederholen des Stils, der Farben oder typischer Blüten aus dem Brautstrauß. Ein romantisches Sträußchen mit Margeriten findet in einem Margeritenkränzchen zum langen, glatten Haar seine stilvolle Ergänzung. Ebenso gut würden auch einzelne Margeriten passen – bei einer üppigen Hochsteckfrisur. Zum eleganten, modernen Kostüm passt ein kurzer, schlichter Strauß und zur strengen Frisur eine asymmetrische Haarcorsage. Die große Robe mit Schleier erlaubt schließlich einen überschwänglicheren Einsatz von Blumen bei Strauß und Kopfschmuck.

BRAUTKRANZ UND BLÜTENDIADEM

Klassische Bekränzungen als stilvollen Brautschmuck wählen

Der Kranz und die Krone (beide lateinisch »corona«) sind in ihren verschiedenen Ausprägungen immer Symbole kirchlicher oder weltlicher Würde gewesen. Ebenso war das Diadem (griechisch »durch die Haare geschlungenes Band«) ein Herrschaftszeichen – jedoch mit Betonung der Stirnseite – ob als verziertes Stoffband der Anfänge oder edelsteingeschmückter Goldreif späterer Entwicklungen. Den abgeleiteten Kopfschmuck aus Blumen trägt auch die Braut als Zeichen der besonderen Würde und Überhöhung an dem Tag, der der schönste in ihrem Leben sein soll.

Die Kranzform darf variiert werden: von einem dünnen Ring, der mit Blüten beklebt oder mit Myrtenzweigen umwickelt ist, über duftige Kränze aus weißem Schleierkraut oder bunten Wiesenblumen bis hin zu sich nach hinten verjüngenden Formen, die schon zum Diadem überleiten. Wichtig ist, dass diese aufgesetzten Schmuckformen gut an die Kopfform und die Frisur angepasst werden, damit sie auch bei gesenktem Kopf nicht herunterfallen.

3 Den Stützdraht mit Kautschukband abwickeln und daraus eine fantasievolle Diadem- oder Krönchenform biegen. Übergänge ebenfalls mit etwas Kautschukband umwickeln. Das fertige Gestell auf einer großen Pappunterlage mit Silberspray einsprühen (am besten draußen), dann mit Zierkordel bewickeln oder bekleben. Bouillondraht bringt Glitzereffekte. Blüten und Perlen aufkleben.

Tipp Alle Frischblumen ohne Wasser sollten so spät wie möglich verarbeitet werden, am besten erst kurz vor der Hochzeit. Ansonsten das Werkstück einnebeln und kühl stellen.

SIE BRAUCHEN *(Bild 1 + 2):*

- *quirligen Zierspargel (z.B. Asparagus retrofractus)*
- *Sternchenblüten wie Schleierkraut, Septemberkraut, Margeriten*
- *unreife Clematisfruchtstände*
- *Perlen*
- *geglühten Stützdraht (12er oder 14er), Kautschukband*
- *Myrtendraht in Gold oder Silber*
- *Kaltkleber*

Alternative (Bild 3):

- *Stützdraht, Kautschukband wie oben*
- *Silberspray*
- *dünne Zierkordel, Bouillondraht*
- *kleinteilige Materialien wie Perlen, Mini-Rosen, Flechte, Muehlenbeckia etc.*
- *Kaltkleber*

1 + 2 Den Stützdraht mit dem Kautschukband abwickeln und zu einem Ring formen. Für den Durchmesser benötigen Sie die Kopfmaße (Hutgröße) der Braut. Frisur berücksichtigen! Auf diesen Ring nun mit Golddraht abwechselnd Zierspargelstücke, Clematisfruchtstände und Schleierkrauttuffs wickeln. Dabei die Drahtrolle von innen nach außen über die Stielchen führen und vorsichtig festzurren. Mit Kaltkleber einzelne frische Sternchenblüten aufkleben. Die Perlen können aufgeklebt oder auf Golddraht gefädelt und um den Kranz gewunden werden. Eventuell mit Klämmerchen im Haar feststecken.

2

BLÜTEN AUF KAMM UND HAARSPANGE

Mit Haarcorsagen elegante Blumenakzente setzen

Alle Arten von Hilfsmitteln, mit denen das Kopfhaar gebändigt und zu den verschiedensten Frisuren geformt werden kann, eignen sich als Ausgangspunkt für Blumenschmuck: Kämmchen, Haarklemmen, Spangen, Nadeln, Haarbänder, -gummis und -reifen und vieles mehr. Dabei sind die einfachsten und preiswertesten Utensilien gerade recht. Sie werden ohnehin »unsichtbar« angebracht. Vor allem, wenn das florale Material aufgeklebt werden soll, muss es nicht der echte Perlmuttkamm oder die geschnitzte Jugendstil-Hornspange sein. Auf solche Schätze können filigrane Blumengirlanden vorsichtig mit dünner Kordel oder ummanteltem Draht gewickelt werden.
Welches Accessoire verwendet wird, richtet sich in erster Linie nach den Voraussetzungen, die das Haar bietet. Sicherer Halt ist oberstes Gebot. In gestalterischer Hinsicht sollte man unbedingt darauf achten, dass sich der Blumenschmuck mit seiner runden, geraden oder geschwungenen Form harmonisch in die Frisur einfügt.

SIE BRAUCHEN *(Bild 1):*

- *Haarkamm*
- *1 Orchideenblüte, z.B. Phalaenopsis*
- *1 festes Blatt, z.B. Maranta*
- *Clematisfruchtstand, Thymianzweig*
- *dünne Kordel, Perle*
- *Kaltkleber*

Alternative (Bild 2 + 3):

- *Haarspange*
- *Rosenblütenblätter*
- *Zieräpfelchen*
- *kleine Pflanzenteile wie Flechte, Eukalytus-Blättchen, verzweigte grüne Triebe etc.*
- *Bouillondraht*
- *Schmuckteilchen wie Perlen*
- *Heißkleber, Kaltkleber*

1 Auf ein einfaches Haarkämmchen aus Plastik verschiedene pflanzliche Materialien kleben. Frischblüten nur mit Kaltkleber befestigen. Heißkleber würde sie verbrennen und braune Flecken verursachen. Bei der Zusammenstellung sollten Sie darauf achten, dass ein optischer Schwerpunkt entsteht. In unserem Beispiel ist es eine große, helle Orchideenblüte, die von zierlichem Beiwerk wie Clematis-»Puschel«, Kräutern und einem kleinen Blatt begleitet wird. Auch die Schleife aus dünner Zierkordel und die Perle halten mit Kaltkleber. Alternativ könnten Sie kleinteiliges Beiwerk, das flächig und kompakt wirken soll, auch mit Bouillondraht aufwickeln, indem Sie den Draht zwischen den Zähnen des Kämmchens hindurchführen. Offene Blüten aber immer aufkleben.

2 + 3 Eine nicht zu schmale Haarspange schuppenartig mit Rosenblütenblättern bekleben. Nehmen Sie statt frischen Blütenblättern lieber leicht angewelkte, denn diese lassen sich leichter um die Spange legen. Mit Bouillondraht umwickeln. Dann – die Form der Spange aufgreifend – längliche Pflanzenteile wie ein Stück Flechte und dünne Zweige aufkleben. Den Schwerpunkt mit einer größeren Form bilden; hier ist es ein Zieräpfelchen mit einem flachen Eukalyptus-Blatt. Nach Belieben Schmuckteile aufkleben. Glänzende Perlen machen sich gut zu mattem Pflanzenmaterial.

Tipp Je breiter die Auflagefläche von Spange oder Kamm, desto einfacher ist es, sie zu bekleben und desto besser halten die Werkstoffe. Im Zweifelsfall lieber erst ein Stück stoffummantelte Pappe aufkleben und/oder mit Draht aufwickeln und erst darauf die floralen Materialien fixieren.

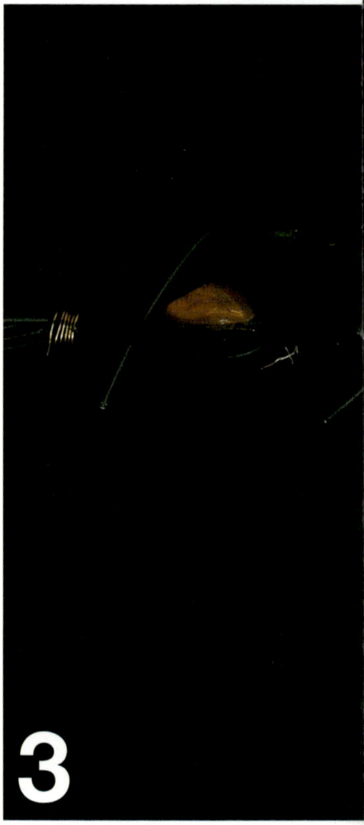

EINZELBLÜTEN UND GIRLANDEN IM HAAR

Die Frisur mit zierlichen Blütentupfern ergänzen

Manchmal sind die simpelsten Methoden die besten. Schnell gemacht und dabei ausdrucksvoll im Ergebnis sind einzelne Blütchen oder andere kleine Pflanzenteile, die einzeln im Haar verteilt werden. Eine duftige Hochsteckfrisur kann rundum mit Blüten auf Nadeln bestückt werden. Glattes Haar erhält mit einer Blütenreihe entlang des Scheitels, gerade oder im Zickzack, einen witzigen Akzent. Ein Dutt wird mit Einzelblüten umkränzt und Locken erhalten eine Spitzenverzierung aus aufgewickelten Beeren. Diese Tupfenoptik erinnert an Perlen, und Perlen – denken Sie nur an die bekannte »Sissi«-Darstellung – wirken wie aufgesetzte Lichter, was für erhöhte Aufmerksamkeit beim Betrachter sorgt. Diesen festlichen Touch kann man auch mit einer Kombination aus Perlen, Blüten und Beeren erreichen. Eine andere Technik, die des Auffädelns, bringt ähnliche Ergebnisse, wenn die Abstände zwischen den Tupfern weit genug sind. Je dichter sie liegen, desto mehr nähert sich dieser Girlandenschmuck fürs Haar der Assoziation eines Schleiers.

2

1 Es gibt mehrere technische Möglichkeiten, kleine Blüten und Früchte auf Haarklemmen zu befestigen. Entweder kleben Sie Frischblumen mit Kaltkleber oder Trockenblumen mit Heißkleber auf oder Sie wickeln die Stielchen mit Schmuckdraht fest; im Zweifelsfall beides. Zum Kleben bieten Klämmerchen mit flächigen Applikationen, wie sie vielfach für Kinder angeboten werden, eine bessere Unterlage und damit sichereren Halt. Außerdem geeignet sind lange Hutnadeln und die gebogenen Haarnadeln für Hochsteckfrisuren, die man durch eine kleine Pappscheibe oder einen Knopf steckt und diese Fläche dann beklebt oder bewickelt.

2 + 3 Einen Haarreif (fertig oder selbst geformt) mit Schmuckband umwickeln, offenen Reif mit einem Drahtstück schließen. 10–15 Blütengirlanden fertigen. Dafür alle ausgesuchten Pflanzenteile abwechselnd auf Golddraht fädeln. Diese Drahtgirlanden an ca. ein Viertel des Reifs knoten, sodass sie wie ein Blütenschleier über Hinterkopf und Rücken herabhängen. Die Länge der Girlanden richtet sich nach Geschmack, aber auch nach Frisur und Kleid der Braut.

SIE BRAUCHEN *(Bild 1):*

- *Haarklemmen*
- *kleine Blüten und Beeren, frisch oder trocken, z.B. Rosenknospen, Mini-Chrysanthemen, Strohblumen, Hypericum-Beeren etc.*
- *Kaltkleber, Heißkleber, Golddraht*

Alternative (Bild 2 + 3):

- *Haarreif (oder Drahtring umwickelt mit Kautschukband)*
- *Schmuckband, Golddraht*
- *Ranken von Zimmerefeu, Muehlenbeckia, Calocephalus*
- *Schleierblätter*
- *Früchte wie Zieräpfelchen, Hypericum-Beeren, Blasenfrüchte (Asclepias) etc.*
- *Begonienblüten*

Tipp Hat die Braut lange Locken, können die Blütengirlanden auch direkt um einzelne Haarsträhnen gewickelt werden!

3

1

BLÜTEN FÜR BRAUTSCHLEIER UND HUT

Die Kopfbedeckung der Braut mit Blumen reich verzieren

Blumiger Kopfschmuck kann, wie beschrieben, das Haar der Braut direkt schmücken, aber auch an schon vorhandenen Accessoires angebracht werden. Der Brautschleier beispielsweise ist in vielen Formen beliebt. Er stellt heutzutage ein typisches Attribut der Braut dar, vom kurzen Tuff aus Tüll, der in einer Hochsteckfrisur am Hinterkopf befestigt wird, über den Rundumschleier, der vor der Trauung auch das Gesicht verdeckt, bis zum mehrere Meter langen Schleppenschleier, den Brautjungfern tragen oder aber die Braut zusammen mit der Kleiderschleppe hinter sich her zieht. Hier bieten sich vielfältige Verzierungsmöglichkeiten. Selbstverständlich dürfen nur Techniken angewandt werden, die den Schleier nicht beschädigen, zum Beispiel das Aufnähen von Blüten und Blättern. Gleiches gilt für andere Kopfbedeckungen wie Hüte, Kappen, Mützen. Das sicherste sind hierbei Ranken, Schmuckbänder und aufgefädelte Floralien, die um Kopfteil oder Krempe geschlungen werden und schon in sich halten. Aber auch das Feststecken mit Hutnadeln ist möglich. Oder ein blumengeschmückter Corsagen-Clip wird wie eine Hutbrosche angesteckt.

SIE BRAUCHEN *(Bild 1 + 2):*

- *Brautschleier (am Kämmchen, mit oder ohne Kopfkranz)*
- *kleine Blüten und Knospen, z.B. Schleierkraut, Fuchsien, Rosen etc.*
- *kleine Blätter, z.B. Geranie*
- *Nadel und weißes Nähgarn*

Alternative (Bild 3):

- *Braut-Hut*
- *zum Hut passende Bänder, hier: Rips- und Organzaband*
- *Golddraht*
- *Einzelblüten wie Hortensien, Sanvitalia, Johanniskraut, Schleierkraut etc.*
- *Ranken von Efeu und Muehlenbeckia*
- *Hypericum-Beeren, Gräser (Carex)*

1 + 2 Alle Pflanzenteile werden – am besten sehr kurzfristig – auf den Tüllschleier mit Nadel und Faden aufgenäht. Große Abstände lassen, dann wirken die Blüten von weitem wie hübsche Farbtupfer. Achtung: keine weichen oder stark abfärbenden Blüten, Blätter und Früchte verwenden!

3 Alle floralen Materialien auf Golddraht fädeln. Den Hut zunächst mit Band, dann mit den Drahtgirlanden und wieder mit Band umschlingen. Zum Schluss die Blumengirlanden und das Band umeinander winden und nach hinten über die Krempe abfließen lassen.

FLORALER KÖRPERSCHMUCK

BLÜTEN FÜR BRAUTKLEID UND COLLIER
Blumenschmuck als Applikationen und lebendes Geschmeide verwenden

BRAUTSCHLEPPE UND BLÜTEN AM SCHUH
Mit ungewöhnlichem Brautschmuck die Gäste überraschen

BLÜTENFLIEGE UND BLÄTTERKRAWATTE
Die typischsten Modeaccessoires für den Bräutigam aus Floralien gestalten

KUMMERBUND UND REVERSSCHMUCK
Traditionelles Männer-Outfit floristisch-modern interpretieren

Am Brautstrauß allein erkennt man schon, dass es sich um eine Braut handelt. Mit Schleier und blumigem Kopfkranz wird das Bild noch runder. Auch wenn es traditionell nicht mehr bedarf und der Bräutigam im Prinzip mit einer Knopflochblume auskäme, so sollte man doch von den vielen wunderschönen Dekorationsideen rund um den floralen Körperschmuck profitieren. An diesem ganz besonderen Tag der Hochzeit sind alle Augen auf das Brautpaar gerichtet. Je vollendeter die Zusammenstellung der blumigen Accessoires von Kopf bis Fuß ist, desto größer wird die Freude und Bewunderung in der Schar der Hochzeitsgäste sein. In abgewandelter Form, etwas kleiner und zurückhaltender, können die meisten unserer Beispiele für Blumenanstecker und sonstigen Blütenschmuck am Körper auch alle anderen Personen tragen: liebliche Minikränzchen für die Blumenstreukinder und die Brautjungfern oder Dekolleté- und Reverscorsagen für die Eltern von Braut und Bräutigam sowie alle Verwandten und Freunde. Das verbindet die Festtagsgesellschaft auf besonders liebevolle Art und Weise.

BLÜTEN FÜR BRAUT-KLEID UND COLLIER

Blumenschmuck als Applikationen und lebendes Geschmeide verwenden

Stellen Sie sich ein Brautkleid mit weitem Rock vor, übersät mit stilisierten Stoffmargeriten. Das ist schon ein hübscher Anblick. Nun kommen aber zur Verdichtung im unteren Teil des Rockes Miniaturgebinde aus frischen Blümchen hinzu. Die zahllosen farbigen Tupfer, mit Perlen verziert, scheinen wie Sterntaler herabgeregnet zu sein. Da geht jedem Romantiker das Herz auf! Es gibt die passenden Blumen für jede Textilart und für jede Farbe des Brautkleids. Schöpfen Sie aus dem Vollen! Wer es schlichter mag, nimmt stattdessen vielleicht lieber einen ausgefallenen Halsschmuck aus Floralien und verzichtet (bis auf den Brautstrauß selbstredend) auf weiteren Blumenschmuck am schnörkellosen Kleid. Für eine einreihige oder mehrreihige Kette oder ein Collier mit betonter Mitte lassen sich verschiedene Blüten, Blätter, Früchte auffädeln, die auch ohne Wasser den Tag der Hochzeit überstehen. Wenn dann noch ein zarter, angenehmer Duft von den ätherischen Ölen, die in manchen Pflanzen enthalten sind, in die Nase steigt, ist die Ausstattung perfekt!

SIE BRAUCHEN *(Bild 1):*

- *Corsagen-Clips*
- *kleine Floralien wie Mini-Chrysanthemen ('Santini'), Schleierkraut, Zieräpfelchen, Efeublättchen*
- *dünne Kordel oder Gimpe*
- *dicke Perlen, Golddraht*

Alternative (Bild 2 + 3):

- *Silberdrähte in verschiedenen Stärken: Wickeldraht, dünner Spanndraht, Myrtendraht*
- *ca. 30 weiße Blüten der Kranzschlinge (Stephanotis)*
- *1 weiße oder vergrünende Christrose*
- *Schleierkraut*
- *haltbare Blättchen wie Buchs, Pistazienlaub oder Myrte*
- *Schmuckteile wie Pailletten, Perlen, Strasssteinchen etc.*
- *Kaltkleber*
- *Kautschukband in Weiß*

1 Aus jeweils 1 oder 2 Blüten, etwas Schleierkraut, einem Efeublatt und eventuell einem gestielten Zieräpfelchen ein winziges Sträußchen binden. Dieses dann mit Golddraht und anschließend mit dünner Kordel (in der Farbe des Kleides) über die ganze Länge auf einen Corsagen-Clip wickeln.
Soll ein weiter, bodenlager Rock mit den Sträußchen »übersät« werden, brauchen Sie etwa 30–40 Stück. Es empfiehlt sich, diese Menge am Vortag vorzubereiten, über Nacht einzunebeln, mit Folie abgedeckt kühl zu lagern und erst kurz vor dem großen Auftritt am Kleid festzustecken.

2

2 + 3 Für das Blüten-Collier mehrere Ketten fertigen. Eine Art besteht nur aus Stephanotis-Blüten, die (am besten im knospigen Stadium) längs auf dicken Silberdraht gereiht werden. Kleinstrukturierte Tuffs wie Schleierkraut oder Zweigstücke mit Blättchen hingegen in Abständen auf dünneren Silberdraht wickeln. Ebenso alle anderen Materialien und Schmuckteile auf Draht arbeiten. Die verschieden langen Drahtgirlanden (Dekolleté des Kleides berücksichtigen!) im Bogen übereinander legen, die Enden verzwirbeln und wie bei einem richtigen Collier zu Verschlusshaken biegen. Keine pieksende Drahtspitze überstehen lassen! Zur Sicherheit mit weißem Kautschukband fest umwickeln. In die Mitte mit Kaltkleber eine einzelne Christrosenblüte als Blickfang aufkleben.

Tipp Die wachsigen Stephanotisblüten sind ideal zum Auffädeln. Sie duften auch angenehm. Weiße Hyazinthen kann man ähnlich gut verarbeiten, doch der starke Duft ist nicht für jede Nase etwas. Betörend im Duft sind Orangenblüten – eine Kostbarkeit für Liebhaber!

3

BRAUTSCHLEPPE UND BLÜTEN AM SCHUH

Mit ungewöhnlichem Brautschmuck die Gäste überraschen

Am großen Tag in großer Robe erscheinen, ganz in Weiß mit duftiger Spitze und funkelnden Juwelen, ganz wie eine Prinzessin aus dem Märchen, das ist der Traum vieler Mädchen. Meist denkt man bei der Vorstellung an einen solchen spektakulären Auftritt nur an die Vorderansicht der Braut, die in der Kirche an der Seite ihres Verlobten oder aber vom Vater zum Altar geführt wird. Allenfalls eine Schleppe sorgt auch in der rückwärtigen Ansicht noch einmal für beifälliges Nicken der Gäste in den Kirchenbänken. Was aber, wenn genau hier ein gehöriger Überraschungseffekt einsetzt? Eine lange Schleppe, ja, aber über und über mit echten Blüten und Ranken und glitzernden Schmuckteilchen bestickt! Natürlich sind die Materialien fein auf den Brautstrauß abgestimmt, vielleicht gibt es auch noch einen passenden Kopfschmuck und für den Bräutigam die gleichen Blüten am Festtagsanzug. Und was, wenn unter dem knöchellangen Kleid der Braut an jedem Schuh ebenfalls ein zauberhafter Blütenschmuck hervorlugt! Das fällt auf und prägt sich ein.

SIE BRAUCHEN *(Bild 1 + 2):*

- *zarte Pflanzenmaterialien in Rosa/Weiß/Grün, z.B. rosa Pfefferbeeren (Schinus), Wachsblumen (Hoya), Binsenkaktus (Rhipsalis), rosageäderte Phalaenopsis-Orchideen, Eisenfarn, weiße Spathiphyllum*
- *filigrane Perlenschnüre*
- *Nadel und weißes Nähgarn*
- *evtl. Kaltkleber*

Alternative (Bild 3):

- *Pappe*
- *kräftige Büroklammer oder Kippklemme*
- *Kaltkleber*
- *»Steelgrass«*
- *trockene Palmfrüchte*
- *Mini-Phalaenopsis*

1 + 2 Alle Materialien können mit wenigen Stichen auf die Schleppe des Brautkleides genäht werden. Durch die vielen linearen Formen ist auch eine lange Schleppe rasch bestückt. Beeren und Blüten können zusätzlich punktuell eingesetzt werden. Alternativ könnte auch eine Extra-Schleppe aus tüllartigem Stoff (passend zum Brautkleid) vorbereitet und dann an der Schulterpartie oder an der Taille des Kleides mit einigen Sicherheitsnadeln festgesteckt werden. In diesem Fall können flächige Blüten auch aufgeklebt werden.

3 Aus Pappe zwei ca. 3 cm breite und ca. 8 cm lange Streifen schneiden, Ende abschrägen. Das Steelgrass in entsprechend lange Stücke schneiden und mit Kaltkleber parallel aufkleben, dazu am Rand einen Strang Palmfrüchte. Die Orchideenblüte an einem Ende auf die Steelgrass-Fläche kleben, sodass die Befestigung am Schuh mit einer starken Büroklammer oder einer Kippklemme verdeckt wird (zur Gestaltung siehe auch Revers-Corsage Seite 60/61).

BLÜTENFLIEGE UND BLÄTTERKRAWATTE

Die typischsten Modeaccessoires für den Bräutigam aus Floralien gestalten

Heute gehört der Anzug mit Krawatte (Langbinder) zur üblichen Herrengarderobe. Wussten Sie übrigens, dass »Krawatte« von »Kroate« kommt? Im 17. Jahrhundert übernahm man das Halstuch von einem in französischen Diensten stehenden kroatischen Regiment und es fand schließlich Eingang in die zivile Kleidung. Manchmal ist es statt der Krawatte eine Fliege (Querbinder oder schmale Schleifenkrawatte), die um den Hemdkragen geführt wird, oder das elegant drapierte Tuch, der Plastron. Stoff, Schnitt und Farben des Anzugs variieren je nach Anlass, Tageszeit, Mode und persönlichen Vorlieben. Doch eines ist klar, je festlicher der Anlass, desto festlicher möchte auch der Mann erscheinen. Bei einer Hochzeit schmücken sich zudem der Bräutigam und auch die männlichen Gäste gerne mit einem blumigen Akzent. Wie wäre es nun, wenn man beides zusammenbrächte und die Halsbinde selbst aus Floralien gestaltet? Das ist doch mal etwas anderes: ausgefallen, elegant und mit einem Schuss Humor!

SIE BRAUCHEN *(Bild 1 + 2):*

- *einfache Krawatte*
- *Leim, Pinsel*
- *Kaltkleber*
- *Myrtendraht in Silber*
- *Muehlenbeckia-Ranken*
- *Eukalyptus-Blätter*
- *silbrige Clematis-Fruchtstände, lilarosa Heidekraut, grauen Calocephalus, blaue Schneeballbeeren*
- *blaue Blüten wie »Blaue Mauritius« oder »Spanische Margerite«*

Alternative (Bild 3):

- *Pappe*
- *Sisalfaser*
- *Sprühkleber, Kaltkleber, Heißkleber*
- *kleine Blüten wie Hortensie, Fette Henne (Sedum), Geranie, Katzenpfötchen, Heide etc.*
- *2 große Clips oder Broschennadeln*

1 + 2 Die Krawatte in der unteren, breiteren Hälfte mit Leim einpinseln und die Eukalyptus-Blätter schuppenartig aufkleben. Aus den Muehlenbeckia-Ranken ein kleines Kränzchen formen und etwa dort, wo sonst der Krawattenknoten sitzt, festkleben. Dort hinein Clematis und blaue Beeren und Blüten kleben. Weitere Beeren, Ranken und Heideblüten an Silberdraht andrahten, in das Kränzchen einhängen und über die Blätterkrawatte nach unten hängen lassen. An mehreren Stellen mit Kaltkleber fixieren. Das schmale Krawattenende wird um den Nacken des Bräutigams unter dem Hemdkragen durchgezogen und unter dem beklebten Vorderteil mit einer Sicherheitsnadel befestigt.

3 Aus Pappe eine Fliege ausschneiden, mit Sisalfaser umwickeln und mit Sprühkleber fixieren. Auf der Rückseite Platz für zwei große Clips oder Broschennadeln lassen, die mit Heißkleber befestigt werden sollten. Auf die Vorderseite die floralen Materialien der Form entsprechend mit Kaltkleber aufkleben, dabei die Flügel und den »Knoten« in der Mitte betonen. Mit den Clips unsichtbar feststecken.

Tipp Technisch reicht ein Clip zum Anstecken der Fliege. Aber an zwei Stellen angesteckt, kann sie nicht verrutschen und schief hängen.

1

KUMMERBUND UND REVERSSCHMUCK

Traditionelles Männer-Outfit floristisch-modern interpretieren

Das mal vorweg: Der Kummerbund hat nichts mit Kummer oder gar Kummerspeck zu tun, wie manche meinen. Der Name stammt vielmehr von dem Hindi-Wort »kamarband«, einem orientalischen Taillenband, aus dem die Engländer »Cummerbund« (sprich kammeband) machten. Sie brachten es aus Indien mit und trugen es gegen Ende des 19. Jahrhunderts statt einer Weste zur Abendgarderobe. Heute wird es meist zum Smoking getragen. Mit einem dezent verzierten Kummerbund aus Blumen oder Blättern wird der Bräutigam – ähnlich wie bei einer floralen Krawatte oder Fliege – die Hochzeitsgesellschaft verblüffen. Er kann als einziger Blumenschmuck des Bräutigams dienen, aber er lässt sich auch kombinieren, zum Beispiel mit einem kleinen Blumenanstecker am Revers, der umgeschlagenen Vorderkante der Anzugjacke. Diese Corsage sollte dann unbedingt aus dem gleichen Material gefertigt sein. Eine Reverscorsage allein ist der traditionellste Blumenschmuck für den Mann im Allgemeinen und den Bräutigam im Besonderen und sollte immer mit dem Brautstrauß harmonieren.

Tipps Anstecker fürs Revers lassen sich nach diesem Grundmuster in tausend Variationen erstellen. Wichtig ist eine stabile Unterlage, auf die florale Materialien und Schmuckteile nach Belieben aufgeklebt oder aufgewickelt werden können.
Es ist ratsam, die haltbaren Teile vorzubereiten, um dann erst kurz vor der Hochzeit die frischen Blüten zu ergänzen.

SIE BRAUCHEN *(Bild 1):*

- *10–15 cm breites Band (oder gesäumter Stoff), mit Bändchen zum Binden*
- *Leim, Pinsel*
- *Eukalyptus-Blätter*
- *Perlen-Stecknadeln*
- *Kaltkleber*

Alternative (Bild 2 + 3):

- *Pappe*
- *Corsagen-Clip*
- *»Steelgrass«*
- *trockene Palmfrüchte*
- *1 Mini-Phalaenopsis*
- *Kaltkleber*

1 Dickes, breites Band oder sonstigen Streifen aus festem Stoff über dem Bauchumfang des Bräutigams abmessen. Dünnes Material kann auch doppelt oder dreifach zusammengenäht oder geklebt werden. Zum Zuschnüren im Rücken schmale Bändchen annähen. Die Eukalyptus-Blätter einzeln mit Kleister bepinseln und schuppenartig auf den sichtbaren Teil des Kummerbundes kleben. Mit Perlen-Stecknadeln (mit stumpfer Spitze), die schräg eingesteckt und zusätzlich mit einem Tropfen Klebstoff fixiert werden, verzieren. Soll der Kummerbund nicht gerade, sondern am oberen Rand leicht gewölbt verlaufen, muss das Band oder der Stoff entsprechend zugeschnitten werden. Außerdem müssen dann auch die Eukalyptusblätter eine oder zwei Bogenreihen zusätzlich erhalten.

2 + 3 Pappe in die gewünschte Form schneiden. Steelgrass zurechtschneiden und mit Kaltkleber dicht und parallel auf die Pappe kleben. Palmfruchtstiel darauf und ans obere Ende die Orchideenblüte kleben. Der Querbalken des T-förmigen Clip wird beim Anstecken immer oben platziert!

2

HOCHZEITS-DEKORATION

BLUMENTÜTEN AN DER KIRCHENBANK
Mit einem Blumenspalier auf das Zentrum der Trauung weisen
GIRLANDEN FÜR DAS HOCHZEITSAUTO
Aus einem Alltagsgefährt mit Blumen eine festliche Karosse zaubern
ROSEN AUF DER HOCHZEITSTAFEL
Brautpaar und Gäste durch die Blumen der Liebe sprechen lassen

Blumen, Blumen, Blumen! Sie sind unerlässlich für jede Hochzeit. Erst der Blumenschmuck sorgt für den richtigen stimmungsvollen Rahmen einer Hochzeitsfeier. Mit Blumen können wir eine Verbindung zur Jahreszeit herstellen oder zu Traditionen und Brauchtum. Wir können Blumen sprechen lassen, um die Liebe und das schönste ihrer Feste zu symbolisieren. Blumen bezaubern mit ihren Farben, ihrem Duft. Ob feierliche Gebinde in der Kirche, Herzen und Girlanden am Hochzeitsgefährt oder die üppige Ausschmückung von Festsaal und Hochzeitstafel – immer sind es die Blumen und die floristische Gestaltung, die den persönlichen Stil des Brautpaares für die ganze Hochzeitsgesellschaft zum Ausdruck bringen. Um so wichtiger ist es, ein einheitliches ästhetisches Konzept zu entwickeln und alle Elemente der Blumendekoration aufeinander abzustimmen. Wenn etwa aus Zeitgründen trotz Hilfe aus dem Freundeskreis nicht alles selbst gemacht werden kann, arbeitet man am besten mit einem Floristen zusammen und teilt die Werkstücke auf.

BLUMENTÜTEN AN DER KIRCHENBANK

Mit einem Blumenspalier auf das Zentrum der Trauung weisen

Der Kirchenraum gibt mit seinen Baustil, seiner Größe, seinen Proportionen, der Licht- und Farbwirkung die Rahmenbedingungen für den hochzeitlichen Blumenschmuck vor. Da jede Kirche wie auch jeder andere architektonische Raum eine ganz eigene Ausprägung hat, kann keine allgemeine Empfehlung für bestimmte Blumenarten und floristische Formen gegeben werden. Nur soviel: Im Mittelpunkt stehen das Brautpaar und der Akt der Trauung. Der Blumenschmuck dient dazu, alle Aufmerksamkeit der Gäste auf diese Zeremonie zu lenken. Es sind vor allem die an den Stirnseiten der Kirchenbänke aufgereihten Blumengebinde, an denen entlang sich die Augen orientieren und auf den Altar richten. Sie können aus einem einfachen Blumenbündel oder einer einzelnen Blume im Glasröhrchen, jeweils mit Schleifenband aufgehängt, bestehen. Sie haben den Charakter eines Spaliers, durch das das Brautpaar zur Trauung schreitet und anschließend frischvermählt von Blumenstreukindern ins neue Leben geführt wird. Der Eindruck wird verstärkt, wenn der Blumenschmuck an langen Stäben befestigt oder gar in Bogenform konstruiert ist.

SIE BRAUCHEN *(Bild 1 + 2):*

- *Tüte: Kaninchendraht oder Maschendraht, gebleichte Sisalfaser, Sprühkleber, Wickeldraht, Organzaband*
- *Füllung: Schleierkraut, Orchideenröhrchen, je 1 pastellfarbene Rose*
- *Befestigung: dünne Zierkordel*

Alternative (Bild 3):

- *Tüte: wie oben*
- *Füllung: wie oben, aber weiße Lilie statt Rose*
- *Befestigung: Metallstab (ca. 2 m), Wickeldraht, Kautschukband, Heißkleber, Stein oder Kordel*

1 + 2 Aus dem Drahtgeflecht ein quadratisches Stück ausschneiden und eine Ecke davon im großzügigen Bogen abschneiden (Drahtschere!). Zu einer Spitztüte zusammenrollen und die Kanten mit etwas Draht verbinden. Sisalfaser in mehreren Lagen um die Tüte legen, andrücken und jeweils mit Sprühkleber fixieren. Schleierkrautzweige auf ca. 10–15 cm Länge schneiden, gleichhoch bündeln und in die Öffnung stecken (sie trocknen schön ein). Ein wassergefülltes Orchideenröhrchen im Schleierkraut versenken, eine halbgeöffnete Rose durch das Loch im Gummideckel stecken. Helle Kordel im oberen Drittel um die Tüte binden und hinten verknoten. Die langen Enden dienen der Aufhängung an der Kirchenbank. Darüber ein pastellfarbenes Organzaband schlingen und nach vorne zu einer Schleife oder einem Knoten binden. Die Enden bis zum Boden herabhängen lassen.

3 Die Drahttüte wie oben beschrieben fertigen, aber an der Spitze ein kleines Loch lassen. Durch dieses dann ein Stück weit den Metallstab schieben und den Übergang mit Wickeldraht und Kautschukband fest umwickeln. Dann erst mit dem Sisal ummanteln und mit Schleierkraut, Röhrchen und Lilie wie oben beschrieben füllen. Den Stab an der Kirchenbank anbinden. Oder ein Loch in einen Pflasterstein bohren und den Stab mit Heißkleber darin befestigen.

GIRLANDEN FÜR DAS HOCHZEITSAUTO

Aus einem Alltagsgefährt mit Blumen eine festliche Karosse zaubern

Für den Weg zur Kirche und zurück nutzt man heutzutage meist einen Pkw, der frisch gewaschen und poliert und mit Blumen und Schleifenbändern geschmückt ist. Besondere Hochzeitsfahrzeuge können auch gemietet werden, etwa weiße Pferdekutschen samt Kutscher oder ausgefallene Limousinen. Aber es gibt auch Brautpaare, die ihren Weg zur Trauung auf einem Mofa, Fahrrad oder einem Traktor antreten – Hauptsache Blumenschmuck. Denn jedes beliebige Fahrzeug kann durch Blumen als Festtagszeichen in ein Hochzeitsgefährt verwandelt werden. Vom Stil der Hochzeit, der berücksichtigt werden sollte, einmal abgesehen, sind der Fantasie für den Blumenschmuck keine Grenzen gesetzt. Zu achten ist lediglich darauf, dass er ohne Schaden montiert und wieder abgenommen werden kann – dafür gibt es heutzutage viele sinnvolle Techniken – und dass die Fahrersicht nicht behindert wird, damit die Fahrt ins Glück auch wirklich glücklich endet.

SIE BRAUCHEN *(Bild 1):*

- *dicke, raue Kordel, z.B. Kokosstrick*
- *Buchs*
- *grünen Myrtendraht*
- *weißes Schleifenband*
- *Golddraht, Gimpe*
- *große Saugnäpfe mit Ösen*

Alternative (Bild 2):

- *Kordel*
- *Buchs*
- *grünen Myrtendraht*
- *weißes Schleifenband*
- *weiße, dünne Zierkordel*
- *Golddraht, Gimpe*
- *mind. 6 große Saugnäpfe mit Ösen*

1 Buchs in ca. 5 cm kurze Stücke schneiden, möglichst so, dass die Blättchen immer die Schnittstelle im Holz verdecken. Die Stücke rundum an die dicke Kordel anlegen und mit Myrtendraht jeweils zweimal fest umwickeln. Je nach Größe des Hochzeitsautos 2 m Buchsgirlande oder mehr wickeln. Aus dem weißen Band Schleifen binden und mit Golddraht andrahten. Die Girlande mit Golddraht oder Gimpe an mehreren Saugnäpfen auf dem Auto befestigen. Genau über diesen Stellen auch die Schleifen anbringen. Um Kratzer zu vermeiden, sollte kein Draht, vor allem kein Drahtende, mit dem Autolack in Berührung kommen. Die Buchsgirlande sollte in sanften Bögen angebracht werden, dann ist der klassische Ausdruck perfekt.

2 Für das Buchsherz wird wieder eine Girlande in der gleichen Art wie oben beschrieben, nur diesmal etwas dünner und kürzer gewickelt; ca. 1 m reicht schon für ein kleineres Exemplar. Die Girlande locker mit weißer Zierkordel umwickeln und dann in eine Herzform biegen. Die Enden mit Myrtendraht zusammenbinden. Mit mindestens sechs Saugnäpfen auf der Kühlerhaube befestigen. Je nach Größe des Herzens und Girlandendicke können auch wesentlich mehr Saugnäpfe nötig sein, um die Herzform stabil zu halten.

Tipp Die starken, transparenten Saugnäpfe mit Ösen sind ideal für Hochzeitsschmuck am Auto. Sie halten auf allen glatten Flächen, also dort, wo normalerweise keine Befestigungsmöglichkeiten existieren. Sie können auf diese Weise zum Beispiel auch kleine Girlanden als Fensterumrandung am Auto anbringen.

ROSEN AUF DER HOCHZEITSTAFEL

Brautpaar und Gäste durch die Blumen der Liebe sprechen lassen

Den krönenden Abschluss einer Hochzeit stellt die Feier im Kreise der Familie und Freunde dar. Man trifft sich zum Hochzeitsschmaus entweder in den privaten Wohnräumen oder auswärts in einem Restaurant. Hier wie dort ist der stilechte Blumenschmuck wichtig, um die feierliche oder fröhliche Atmosphäre des Hochzeitsfestes zu bereichern und auch dem Festmahl einen ästhetischen Rahmen zu verleihen. Ausschlaggebend für die Auswahl der Floristik ist vor allem eines: Es muss – hier noch mehr als bei der übrigen Hochzeitsdekoration – die Verbindung zum Blumenschmuck der Braut und des Bräutigams bedacht werden. Denn wenn sie an der Tafel sitzen, befinden sich alle diese Schmuckteile in unmittelbarer Nachbarschaft. Den allgemeinen Regeln für Tischschmuck folgend sollten die Blumen entweder sehr flach oder über Kopf angeordnet werden, sodass die einander gegenüber sitzenden Gäste nicht wirklich »durch die Blume« sprechen müssen. Achtung: alles, was stärker duftet als Duftrosen, kann den Genuss des Festmahls beeinträchtigen!

1

2

SIE BRAUCHEN *(Bild 1):*

- *Keramiktöpfe in Silber, geriffelt*
- *Bouillondraht in Silber*
- *Draht mit Herzchen*
- *Perlen*
- *silbergraues Organzaband mit Rosenmuster*
- *Frischsteckschaum*
- *weiße Rosen*
- *frische Muehlenbeckia-Ranken*

Alternative (Bild 2 + 3):

- *Kerzenständer und Kerzen (z.B. in Grau)*
- *samtrote Rosen*
- *Reagenzgläser*
- *Satinbändchen in Rottönen*
- *Silberdraht, Steckdraht (16er)*
- *Thymian*
- *Heißkleber*
- *Spritzflasche*

1 Die Keramiktöpfe mit geriffelter Oberfläche noch mit etwas Bouillondraht umwickeln und so für zusätzliche Glitzereffekte sorgen. Frischsteckschaum wässern, in passende Stücke schneiden und in die Töpfe klemmen. Rosen kurz schneiden (schräger Anschnitt mit dem Messer!) und zu einer Halbkugel aufstecken. Pro Topf brauchen Sie etwa 10–20 Blüten. Die Gefäße als Tischfries aufreihen. Dazwischen das Organzaband, die kleinblättrigen Muehlenbeckia-Ranken und Zierdrähte mit Herzchen hindurchwinden. Einige davon auch über die Rosenkuppeln ziehen. Abgezupfte Rosenblütenblätter und Perlen dazwischen streuen.

2 + 3 Thymianzweiglein mit dem Silberdraht um einen Steckdraht wickeln und dann in Ringform biegen. Ein Reagenzglas unterm Rand mit Silberdraht umwickeln und am Thymiankränzchen festmachen. Diese Konstruktion wiederum mit Silberdraht an den Kerzenständer binden und mit Heißkleber fixieren. Satinbändchen um Kranz, Glasröhrchen und Kerzenständer schlingen und eine Schleife binden. Rose kurz schneiden, ins Röhrchen stecken, mit Wasser aus der Spritzflasche auffüllen.

Tipp Dunkelrote Rosen und farblich passendes Zubehör wirken in Kombination mit Kerzenständern aus rohem Eisen besonders prächtig.

3

PFLANZENNAMEN

Deutsch	Botanisch
Ananas	*Ananas comosus*
Baumwolle	*Gossypium herbaceum*
Begonie	*Begonia*
Bergenie	*Bergenia cordifolia*
Binsenkaktus	*Rhipsalis*
Blasenfrucht	*Asclepias fruticosa (syn. Gomphocarpus)*
»Blaue Mauritius«	*Convolvulus sabatius*
Buchsbaum	*Buxus sempervirens*
Calla, farbig	*Zantedeschia rehmannii, Z. elliottiana*
Calla, weiß	*Zantedeschia aethiopica*
Calocephalus	*Calocephalus brownii*
Christrose, Lenzrose	*Helleborus niger*
Chrysantheme	*Dendranthema × grandiflorum*
Efeu	*Hedera helix*
Eisenfarn, Korallenfarn	*Gleichenia*
Eukalyptus	*Eucalyptus globulus, E. cinerea, E. gunnii, E. polyanthemos*
Fette Henne	*Sedum telephium*
Flechte, Blasenflechte	*Hypogymnia*
Fuchsie	*Fuchsia*
Galax, Bronzeblatt	*Galax urceolata*
Geranie, Balkongeranie	*Pelargonium*
Gras, Segge	*Carex*
Hagebutten	*Rosa (Früchte)*
Heidekraut	*Calluna vulgaris*
Hortensie, Ballhortensie	*Hydrangea macrophylla*
Hyazinthe	*Hyacinthus orientalis*
Johanniskraut	*Hypericum*
Jungfer-im-Grünen	*Nigella damascena*
Katzenpfötchen	*Antennaria dioica*
Kokos	*Cocos nucifera*
Kranzschlinge	*Stephanotis*
Lavendel	*Lavandula angustifolia*
Lilie, weiße Trompetenlilie	*Lilium longiflorum*
Mahonie	*Mahonia aquifolium*
Marante	*Maranta leuconeura*
Margerite, Mittelmeermargerite	*Argyranthemum frutescens*
Margerite, Wiesenmargerite	*Leucanthemum vulgare*
Maulbeere	*Morus*
Mimose, Echte	*Mimosa pudica*
Mimose (gelbe)	*Acacia dealbata*
Muehlenbeckie	*Muehlenbeckia axillaris*
Myrte, Brautmyrte	*Myrtus communis*
Nelke, Edelnelke, Spraynelke	*Dianthus caryophyllus*
Orange	*Citrus sinensis*
Palmfrüchte, Datteln	*Phoenix*
Pfefferbeeren, rosa	*Schinus molle*
Pfingstrose, Bauernpfingstrose	*Paeonia lactiflora*
Phalaenopsis-Orchidee, Malaienblume	*Phalaenopsis*
Pistazie	*Pistacia lentiscus*
Rhododendron	*Rhododendron*
Rohrkolben, schmalblättriger	*Typha angustifolia*
Rose	*Rosa*
»Salal«	*Gaultheria shallon*
Sanvitalia, Husarenknopf	*Sanvitalia procumbens*
Schleierkraut	*Gypsophila paniculata*
Schlingknöterich	*Fallopia baldschuanica*
Schneeball	*Viburnum opulus*
Schneebeere	*Symphoricarpos albus*
Seidenpflanze	*Asclepias tuberosa*
Septemberkraut	*Aster ericoides*
Sisal	*Agave sisalana*
»Spanische Margerite«	*Felicia amelloides*
Spathiphyllum, Einblatt	*Spathiphyllum floribundum*
»Steelgrass«	*Xanthorrhoea australis*
Strohblume, Garten-	*Helichrysum bracteatum*
Thymian	*Thymus vulgaris*
Wachsblume	*Hoya carnosa, H. bella*
Waldrebe, Gemeine	*Clematis vitalba*
Wollziest, »Eselsohren«	*Stachys byzantina*
Zierapfel	*Malus sieboldii*
Zierpaprika	*Solanum pseudocapsicum*
Zierlauch	*Allium*
Zierspargel (feingliedriger)	*Asparagus setaceus 'Plumosus', A. retrofractus*

PFLANZENNAMEN

Botanisch	Deutsch
Acacia dealbata	Mimose (gelbe)
Agave sisalana	Sisal
Allium	Zierlauch
Ananas comosus	Ananas
Antennaria dioica	Katzenpfötchen
Argyranthemum frutescens	Mittelmeermargerite
Asclepias fruticosa (syn. Gomphocarpus)	Blasenfrucht
Asclepias tuberosa	Seidenpflanze
Asparagus setaceus 'Plumosus', A. retrofractus	Zierspargel (feingliedriger)
Aster ericoides	Septemberkraut
Begonia	Begonie
Bergenia cordifolia	Bergenie
Buxus sempervirens	Buchsbaum
Calluna vulgaris	Heidekraut
Calocephalus brownii	Calocephalus
Carex	Gras, Segge
Citrus sinensis	Orange
Clematis vitalba	Gemeine Waldrebe
Cocos nucifera	Kokos
Convolvulus sabatius	»Blaue Mauritius«
Dendranthema × grandiflorum	Chrysantheme
Dianthus caryophyllus	Nelke, Edelnelke, Spraynelke
Eucalyptus globulus, E. cinerea, E. gunnii, E. polyanthemos	Eukalyptus
Fallopia baldschuanica	Schlingknöterich
Felicia amelloides	»Spanische Margerite«
Fuchsia	Fuchsie
Galax urceolata	Galax, Bronzeblatt
Gaultheria shallon	»Salal«
Gleichenia	Eisenfarn, Korallenfarn
Gossypium herbaceum	Baumwolle
Gypsophila paniculata	Schleierkraut
Hedera helix	Efeu
Helichrysum bracteatum	Gartenstrohblume
Helleborus niger	Christrose, Lenzrose
Hoya carnosa, H. bella	Wachsblume
Hyacinthus orientalis	Hyazinthe
Hydrangea macrophylla	Hortensie, Ballhortensie
Hypericum	Johanniskraut
Hypogymnia	Flechte, Blasenflechte
Lavandula angustifolia	Lavendel
Leucanthemum vulgare	Wiesenmargerite
Lilium longiflorum	Lilie, weiße Trompetenlilie
Mahonia aquifolium	Mahonie
Malus sieboldii	Zierapfel
Maranta leuconeura	Marante
Mimosa pudica	Echte Mimose
Morus	Maulbeere
Muehlenbeckia axillaris	Muehlenbeckie
Myrtus communis	Myrte, Brautmyrte
Nigella damascena	Jungfer-im-Grünen
Paeonia lactiflora	Pfingstrose, Bauernpfingstrose
Pelargonium	Geranie, Balkongeranie
Phalaenopsis	Phalaenopsis-Orchidee, Malaienblume
Phoenix	Palmfrüchte, Datteln
Pistacia lentiscus	Pistazie
Rhipsalis	Binsenkaktus
Rhododendron	Rhododendron
Rosa	Rose
Rosa (Früchte)	Hagebutten
Sanvitalia procumbens	Sanvitalia, Husarenknopf
Schinus molle	Pfefferbeeren, rosa
Sedum telephium	Fette Henne
Solanum pseudocapsicum	Zierpaprika
Spathiphyllum floribundum	Spathiphyllum, Einblatt
Stachys byzantina	Wollziest, »Eselsohren«
Stephanotis	Kranzschlinge
Symphoricarpos albus	Schneebeere
Thymus vulgaris	Thymian
Typha angustifolia	schmalblättriger Rohrkolben
Viburnum opulus	Schneeball
Xanthorrhoea australis	»Steelgrass«
Zantedeschia aethiopica	Calla, weiß
Zantedeschia rehmannii, Z. elliottiana	Calla, farbig

GLOSSAR

Andrahten: Auf einen Blumenstiel oder ein Büschel Grün einen U-förmig gebogenen Floristendraht legen und mit dem längeren Drahtende mehrmals um Stiel und Drahtbogen fest wickeln, ein oder beide Drahtenden nach unten laufen lassen. So entsteht eine biegsame, stabile Stielverlängerung.
Anschneiden: Nach jedem Transport ohne Wasser wird bei Schnittblumen stets mit einem scharfen, glatten Küchen- oder Floristenmesser das unterste Stück des Stieles schräg abgeschnitten, bevor sie ins Vasenwasser gestellt werden. So können sie am besten Wasser aufnehmen.
Anstecker: siehe Corsage
Arbeitsunterlage: Für Schmutzarbeiten wie Pflanzungen mit Erde oder Putzen von großen Mengen Schnittblumen legt man am besten eine starke Plastikplane oder Ähnliches als Schutz auf Tisch oder Boden.
Armstrauß: Brautstrauß, der nicht in der Hand, sondern schräg über dem Arm getragen wird. Die Blüten weisen nach außen, die Hand liegt als Gegengewicht auf den Stielen.
Auffädeln: Blütenblätter, Laubblätter, kleine Früchte und andere Pflanzenteile werden mal enger, mal mit weiteren Abständen meist auf einen Schmuckdraht aufgezogen, seltener auf Nylonfaden oder Garn, siehe auch Girlande.
Bandspitzen: Zubehörartikel aus dem Dekorationsbedarf, meist aus filigranem Metall, in Tütenform oder als Plättchen zum Anklemmen. Sie werden in der Floristik wie in anderen Dekorationen als sauberer Abschluss und als Verzierung von Schmuckbandenden verwendet.
Bast: siehe Bindebast
Beiwerk: Sammelbegriff für natürliches Zubehör im Blumenarrangement, weitere Begriffe dafür sind Schnittgrün, Blattwerk, Grünzweige, botanisches Beiwerk, Grün.
Biedermeierstrauß: Kurzstieliger, kuppelförmiger Strauß mit Manschette, ursprünglich mit betonter Mitte und exakt, oft im Ringelmuster dicht angeordneten Blütenköpfen. Heute meist allgemein für einen kleinen Strauß mit Manschette gebraucht.
Bindebast: Naturbast (Raffia-Bast), ungefärbt oder gefärbt. Zum Binden von Sträußen am besten immer mehrere Stränge gleichzeitig verwenden. Daneben gibt es auch Bindebast aus Kunststoff, meist in Grün und auf Rollen oder im Spender erhältlich.
Bindestelle: Die Stelle in einem Strauß, an der die Stiele zusammengebunden sind. Im spiralig gebundenen Strauß ist das die schmalste Stelle.
Blumenanstecker: siehe Corsage
Blumenbündel: Parallel genommene Blumenstiele werden mit Bindematerial umwickelt und zusammengehalten.
Blumenschere: Meist gleichbedeutend mit Rosenschere, manchmal ist auch die kleinere Ausführung einer Rosenschere, eine zierliche Blattschere oder eine Ikebanaschere gemeint, aber keinesfalls eine normale Haushaltsschere.
Bohrmaschine: In der Floristik einerseits zum Bohren von Löchern in Holz, Stein oder Metall, aber auch zum spiraligen Verdrehen von Drähten um einen Bleistift oder Stab herum oder zum Abwickeln eines Drahtes mit Kautschukband oder Zierkordeln.
Bouillondraht: Dünner, spiralig gedrehter Draht auf Plastikspulen, meist in Gold, Silber und Kupfer erhältlich; glitzernde, dekorative Wirkung, sehr beliebt in der Hochzeitsfloristik, für die Weihnachtsbinderei und andere festliche Dekorationen.
Brautstraußhalter: Technische Unterlage für einen gesteckten Brautstrauß, siehe Bridy. Es gibt aber auch tütenförmige Sträußchenhalter aus Metall, die den viktorianischen »Tussie Mussies« nachempfunden sind und heute auch als dekorativer Griff für einen kleinen, gebundenen Brautstrauß verwendet werden.
Brautstraußständer: Einfacher Metallständer, bestehend aus Fußplatte und ca. 50 oder 90 cm hohem Rundstab, an dem in beliebiger Höhe

ein kurzer Stab quer (als »Galgen«) mit Schraubklemmen befestigt werden kann. Praktisch als Arbeitshilfe, zum Beispiel zum Einklemmen des Brautstraußhalters, oder als Präsentationsständer, dann mit Stoff dekorativ kaschiert.

Bridy: Unter Floristen geläufiger Kurzname für einen Brautstraußhalter aus Plastik, bestehend aus Griff und kugelförmigem Gitter, das mit Frischsteckschaum gefüllt ist. Zum Bestecken mit Frischblumen. Gibt es mit geradem und abgeknicktem Griff für verschiedene Brautstraußformen.

Bündchen: Besonders im Frühling werden fertige kleine Bündchen (Bellis, Veilchen etc.) im Blumenladen angeboten, die man oft so wie sie sind in die Vase stellt oder verschenkt.

Bundware: Schnittblumen-Verkaufseinheit meist in Folie zu 10 oder 20 Stück, oft preiswerte Angebote im Blumengeschäft und auf dem Markt; unbearbeitet, d.h. die Stiele müssen noch gesäubert werden.

Clip: siehe Corsagen-Clip

Collier: Besonders kostbarer, meist aus mehreren Reihen Perlen oder Edelsteinen bestehender Halsschmuck wird seit dem frühen 19. Jahrhundert als Collier (frz. Halskette, Halsband) bezeichnet. Für das Floralcollier werden entsprechend elegante und kostbar erscheinende Blüten verwendet.

Corsage: Auch Ansteckblume, Ansteckssträußchen oder schlicht Anstecker genannt. Meist wird er von Damen, aber auch von Herren (siehe Revers-Corsage) ähnlich wie eine Brosche seitlich am Oberteil der Kleidung getragen. Der Name kommt von dem Kleidungsstück Corsage, an das häufig Blumen gesteckt wurden; später nannte man generell angesteckte Blumen so.

Corsagen-Clip: Auch Braut-Clip oder einfach Clip genannt, T-förmige Anstecknadel, ähnlich wie eine Broschennadel, floristisches Hilfsmittel als Unterlage für einen Blumenanstecker.

Diadem: Dieser Kopfschmuck war ursprünglich eine im Nacken gebundene Stirnbinde aus Stoff und kommt aus der medischen Tracht. Sie wurde dann – aus Gold und Edelsteinen – zunächst Bestandteil des persischen Königsornats, später von griechischen Herrschern und römischen Kaisern übernommen, oft mit seitlichen Golddrahtgehängen. Das Diadem beeinflusste auch die mittelalterliche Kronengestaltung. In der Floristik unterscheidet man Braut-Kranz, -Krone und -Diadem nur in den Grundzügen: Der Kranz wird gleichmäßig rundgebunden, die Krone wird gleichmäßig in die Höhe gearbeitet, das Diadem ist stirnbetont. Die Übergänge sind fließend.

Drahtnetz: Feines, elastisches Drahtgeflecht aus lockeren Maschen, zum Beispiel in Form eines Schals fertig zu kaufen. Ideal für den Brautschal. Kann man auch selber aus dünnem Schmuckdraht häkeln oder stricken, das ist aber etwas anstrengender als mit textilem Garn, da sich der Draht nicht so weich führen lässt.

Effektband: Schmuckband, das außer mit Farbe oder Muster noch mit anderen Effekten ausgestattet ist, zum Beispiel Goldflittergarn, Federflaum, Perlchen, Pailletten etc.

Englische Rosen: Eine Bezeichnung für die neue, seit rund 30 Jahren bestehende Gruppe von Rosen des englischen Rosenzüchtern David Austin, die den Charme und den Duft der Historischen oder Alten Rosen mit der Farbpalette und der Remontierfähigkeit der Modernen Rosen verbindet. Inzwischen gibt es etwa 80 Züchtungen.

Fliege: Schmale Schleifenkrawatte, auch Querbinder genannt, Teil der Männergarderobe, wird unter dem Hemdkragen gebunden bzw. per Gummiband, Haken und Ösen befestigt.

Floral-Kaltkleber: siehe Kaltkleber

Floristendrähte: Zunächst alle Arten von technischen Drähten, die in der Floristik verwendet werden, zum Beispiel Steckdraht, Stützdraht, Wickeldraht etc. Teilweise sind die Übergänge zu dekorativen Drähten wie goldener/silberner Myrtendraht oder farbiger Wickeldraht aber fließend, da Technik und Gestaltung oft eins sind, etwa bei den Girlanden aus aufgefädelten Blüten oder Blättern.

Floristenwerkzeug: Auch Floristenbesteck genannt; Grundausstattung bestehend aus Rosenschere, Messer, Drahtschere/Seitenschneider, Haushaltsschere, Bindebast. Darüber hinaus können weitere Werkzeuge wie Heißklebepistole und Bohrmaschine sowie Hilfsmittel wie Gießkanne, Wasserzerstäuber, Spritzflasche, Drähte und Steckschaum gemeint sein. Auch für Hobbyfloristen macht es Sinn, sich mit der Zeit eine solche Ausrüstung anzuschaffen.

Folie: Zum Auslegen von nicht wasserdichten Gefäßen wie zum Beispiel Körben sollte man Blumengeschenkfolie oder eine andere feste Kunststoff-Folie nehmen, jedoch keine normale Haushaltsfolie. Für besonders große Flächen oder starke Beanspruchung eignet sich dünne Teichfolie.

Frischblumen: Schnittblumen (im Gegensatz zu Trockenblumen oder Seidenblumen).

Frischhaltemittel: Auch Schnittblumennahrung genannt. Pulver oder Flüssigkeit, wird nach Gebrauchsanweisung dem Vasenwasser beigegeben. Es enthält vereinfacht ausgedrückt Zucker als Energielieferant sowie bakterienhemmende Substanzen und kann die Haltbarkeit von Schnittblumen verbessern. Es gibt auch spezielle Mischungen zum Beispiel für Gehölze oder Narzissen.

Frischsteckschaum: siehe Steckschaum

Fruchtstand: Manchmal auch Samenstand genannt, hervorgegangen aus dem entsprechenden Blütenstand. Botanischer Begriff für mehr oder weniger eng zusammenstehende Früchte, die dem Betrachter oft wie eine einzige Form erscheinen, vor allem dann, wenn sie miteinander verwachsen sind wie etwa bei der Maulbeere oder der Ananas.

Gefäßfüllung: Sammelbegriff in der Floristik für Werkstücke aus gestellten oder gesteckten Blumen (außer gebundenen Sträußen) in Vasen, Töpfen, Schalen und anderen Gefäßen.

Gimpe: Garnummantelter, dünner Draht, zu verwenden wie dünne Kordel, in vielen Farben erhältlich.

Girlande: In der Floristik formbinderische Arbeit, bei der haltbares Grün oder Blumen auf einen Kordelstrang gewickelt werden. Aber auch lockere Auffädelungen von einzelnen Blüten und Blättern auf Draht werden Girlande oder Kette genannt.

Glasröhrchen: Für floristische Arbeiten eignen sich Standard-Reagenzgläser aus der Apotheke, dünne Glasröhrchen von 1,5 cm Durchmesser und 16 cm Länge. Andere Deko-Glasröhrchen gibt in verschiedenen Längen, Durchmessern und mit Löchern zum Aufhängen, mit leicht gewölbtem Rand oder mit breitem Kragen. Zu beziehen über Blumenladen oder Bastelbedarf.

Golddraht: siehe Silberdraht

Grün: siehe Beiwerk

Hagebutten: Früchte der Rose, unreif grün, während der Reife in Orange- und Rottöne übergehend, seltener gibt es gelbe, braune und schwarze Hagebutten. In der Floristik sind sie vielseitig einzusetzen, am Zweig oder lose, frisch oder trocken.

Heißklebepistole: Gerät für Heißklebesticks, erhältlich im Baumarkt, siehe Heißkleber.

Heißkleber: Klebstoff in Stangenform, der durch eine Führung in ein Handgerät, die Klebepistole, geschoben, an deren Metallspitze erhitzt und damit verflüssigt wird. Mit Heißkleber lässt sich fast alles in der Floristik kleben, nur frische Blätter und Blüten werden an den »verbrannten« Stellen braun, siehe auch Kaltkleber.

Historische Rosen: Auch Alte Rosen genannt, bezeichnen Rosenzüchtungen aus dem 18. bis etwa Mitte des 19. Jahrhunderts (bis zur Einführung der Modernen Rosen). Sie haben meist einen buschigen, strauchartigen Wuchs, breite, rüschig gefüllte Blüten und einen feinen Duft.

Ikebana-Schere: Hat zwei messerscharfe Schneiden und eignet sich deshalb im Gegensatz zur Rosenschere auch für weiche, feine Blumen- und Blattstiele. Kann ersatzweise für das Messer beim Anschnitt benutzt werden (nur Original-Ikebana-Scheren!).

Kaltkleber: Spezialkleber für Floristen, mit dem sich auch frische Blüten und Blätter problemlos kleben lassen ohne braune Flecken zu bekommen.

Kaninchendraht: Auch Küken-/Hühner- und Hasendraht genannt, sechseckiger Maschendraht, verzinkt, im Baumarkt unter der Bezeichnung »Sechseckgeflecht« erhältlich. Gibt es in verschiedenen Maschenweiten. Für Steckknäuel oder -kugeln sind ca. 2 cm Maschenweite geeignet.

Kaskade: Von italienisch »cascata« (Wasserfall), stufenartig angelegter künstlicher Wasserfall (in der Gartenkunst der Renaissance und des Barock). Auch allgemein für eine wasserfallartige Form gebraucht. In der Floristik gibt es auch den Begriff des Kaskadenbrautstraußes, eine in üppigen Wellen gestaltete, lang abfließende Brautstraußform.

Kautschukband: Elastisches, glänzendes, glattes, leicht haftendes Abwickelband in verschiedenen Farben, meist grün, braun und weiß, und drei verschiedenen Breiten.

Kautschukieren: Mit Kautschukband abwickeln.

Kette: siehe Girlande

konisch: Kegelförmig zulaufend (Konus = Kegel), eine konische Form ist eine sich verjüngende Zylinderform, wie beispielsweise ein Becher.

Kranzunterlage: Ringformen aus verschiedenen Materialien wie Draht, Stroh, Weide, Bandeisen, etc. und in verschiedenen Größen, zum Bestecken, Bekleben, Bewickeln oder Bepflanzen. Unterlagen für Kopfkränze werden am besten aus kautschukiertem Steckdraht selbst gebogen und dem Kopf angepasst.

Krawatte: Langbinder, volkstümlich auch Schlips genannt. Typischer Bestandteil der heutigen Herrengarderobe. Stammt ursprünglich vom Halstuch eines kroatischen Regiments, weshalb sie »Kroate« genannt wurde, und fand von dort Eingang in die zivile Männerkleidung.

Kummerbund: Von hindi »kamarband«, einem orientalischen Taillenband. Die Engländer brachten es als »Cummerbund« aus Indien mit und führten es in die Herrenmode in Europa ein.

Manschette: Kommt aus dem Französischen und heißt eigentlich »Ärmelchen«. Bezeichnete den zunächst separaten, ab ca. 1600 recht dekorativen Ärmelabschluss des Männerhemdes, auch Handkrause genannt. Daraus sind die heutigen Hemdenmanschetten entstanden. Auch der dekorative Abschluss unter einem (Biedermeier-) Sträußchen wurde davon abgeleitet. Fertige Straußmanschetten gibt es heute aus Papier, Kunststoff, Tüll und anderen Textilien, meist in Weiß, aber auch farbig.

Maschendraht: Viereckgeflecht aus verzinktem oder verkupfertem Draht; im Baumarkt oder Bastelbedarf von der Rolle erhältlich, siehe auch Kaninchendraht.

Mimosen: Die echte Mimose (*Mimosa pudica*) kennen wir als Zimmerpflanze mit plüschigen rosa Kugelblüten und Fiederblättchen, die bei Berührung zusammenklappen (daher der Ausdruck »empfindlich wie eine Mimose«). Was wir als gelbe »Mimose« im Spätwinter und Frühjahr im Blumenladen finden, ist botanisch gesehen eine Akazie, zum Beispiel *Acacia dealbata*, die vor allem im Mittelmeerraum als Zierpflanze angebaut wird.

Moderne Rosen: Bezeichnen Rosenzüchtungen ab 1867, dem Jahr ihrer Einführung; häufig auch Edelrosen genannt. Merkmale sind schlanke Knospen, ein sehr breites Farbenspektrum und die Remontierfähigkeit (mehrmalige oder dauerhafte Blütezeit).

Mono: Unter Floristen ein häufig gebrauchtes Kurzwort, das die Einheitlichkeit des verwendeten Materials in einem Werkstück beschreibt, zum Beispiel Mono-Strauß aus weißen Rosen.

Myrtendraht: Dünner, glatter Schmuckdraht, grün oder braun, gold-, silber- oder kupferfarben, für alle feineren Binde- und Wickelarbeiten in der Floristik.

Nylonschnur: Auch Perlonschnur, sehr zugfeste Kunststoffschnur von der Rolle, im Dekorateur- oder Bastelbedarf erhältlich. Ideal zum fast unsichtbaren Aufhängen von floralen Objekten an der Wand, an der Zimmerdecke oder am Fenster.

Orchideen: Sehr artenreiche Pflanzenfamilie der Knabenkrautgewächse mit rund 25.000 in der Natur wildwachsenden Arten und einer ebenso großen Anzahl von Züchtungen. Orchideen gelten bei uns nach wie vor als exotische, elegante und kostbare Blumen, die bevorzugt für festliche Anlässe wie Hochzeiten verwendet werden.

Orchideenröhrchen: Plastikröhrchen, die Orchideen und andere trockenheitsempfindliche Blumen mit Wasser versorgen, mit Gummideckel und darin einem Loch für den Blumenstiel. Beim Floristen in verschiedenen Größen erhältlich.

Organzaband: Transparentes Schmuckband aus imprägnierten Chemiefasern, zum Beispiel Nylon, Imitation von Organdy, das aus Baumwollbatist besteht. In der floristischen Praxis sind oft beide Begriffe nur auf die Transparenz bezogen.

Perldraht: Dünner, genoppter Schmuckdraht, meist in Gold und Silber im Bastelbedarf erhältlich.

Perlen-Draht: Schmuckdraht, auf den in Abständen Zierperlen aufgezogen sind. Gibt es fertig zu kaufen im Bastelbedarf.

Perlen-Stecknadeln: Stumpfe Nadeln mit einer Zierperle als Kopf, nur für Dekorationszwecke verwendbar.

Plastron: Kommt aus dem Französischen und bedeutet eigentlich »Brustharnisch«. Bezeichnete im Lauf der Geschichte verschiedene die Brust bedeckende oder zierende Accessoires. Ab etwa 1860 elegant und üppig drapiertes Tuch anstelle der Krawatte. Die Enden werden vorn unterhalb des einfachen Knotens übereinander gelegt und mit einer Krawattennadel festgesteckt. Wird heute meist zum Cutaway (Herrenrock mit vorn schräg geschnittenen Schößen) getragen.

Proportion: Größenverhältnis verschiedener Teile eines Ganzen zueinander.

Ranken: Im botanischen Sinne sind Ranken die fadenförmigen Klammerorgane verschiedener Pflanzen, mit denen sich die Triebe an fremden Stützen festhalten. In der Floristik ist meist nur die längliche, dünne, oft gewundene Form von Pflanzentrieben gemeint, die sich für entsprechende floristische Werkstücke eignen (Rankenkranz, Braustrauß mit abfließenden Ranken etc.).

Reagenzglas: siehe Wasserröhrchen

Rebdraht: Auch Rebenbindegarn oder Papierdekodraht genannt; papierummantelter Bindedraht in Stücken oder von der Rolle, naturbraun oder farbig.

Remontieren: Wiederholt oder dauerhaft blühen.

Revers-Corsage: Ansteckblume, siehe Corsage

Ripsband: Rips kommt von englisch »ribs« (Rippen). Der Begriff aus der Textiltechnik bezeichnet ein Gewebe in quer oder längs verlaufender Rippenstruktur in einer Art Leinwandbindung.

Rosenschere: Auch Baumschere oder in leichter, einfacher Ausführung Blumenschere genannt. Im Garten zum Abschneiden von Pflanzenteilen, in der Floristik zum Kürzen von festen Blumenstielen und Zweigen verwendet (kein Ersatz für frischen Anschnitt mit dem Messer!).

Satinband: Gewebe in Atlasbindung. Die Oberfläche schimmert seidig, auch wenn das Material nicht immer Seide ist. Satinbänder werden vorwiegend für die Hochzeitsfloristik und andere festliche Dekorationen verwendet.

Saugnäpfe: Befestigungsmöglichkeit für alle glatten Flächen, vor allem für Hochzeitsschmuck am Auto. Die im Bastelbedarf oder beim Floristen erhältlichen Saugnäpfe für floristische Zwecke haben einen größeren Durchmesser als Haushaltsware, halten sehr fest und die geschlossenen Ösen eignen sich zum Durchziehen von Nylonschnüren, dünnen Kordeln oder Bändchen.

Schaft: Auch Blütenschaft genannt. Unverzweigter, langer, blattloser Stiel, an dessen oberem Ende eine Blüte oder ein Blütenstand sitzt (Calla, Amaryllis, Zierlauch etc.).

Schleierblätter: Auch Skelettblätter genannt, Laubblätter von verschiedenen Pflanzen, vor allem *Magnolia grandiflora.* Durch Mazeration (Aufweichen) werden die weichen Teile entfernt, übrig bleibt das Blattgerippe. Schleierblätter gibt es beim Floristen oder in den Trockenblumenabteilungen der Gartencenter, auch gebleicht und gefärbt im Handel.

Schmuckband: Auch Zierband, Dekoband oder Schleifenband; alle Arten von Bändern, die für gestalterische Zwecke verwendet werden.

Schnittblumennahrung: siehe Frischhaltemittel

Schnittgrün: siehe Beiwerk

Silberdraht: Silberglänzender, verzinkter Draht in verschiedenen Stärken und Ausführungen. Als Wickeldraht, Myrtendraht, Bouillondraht oder Silberdrahtstücke erhältlich. Entsprechend: Golddraht = vermessingt, Kupferdraht = verkupfert.

Sisalfaser: Auch Sisalwatte genannt. Naturfarbene, gebleichte oder gefärbte Fasern der Sisalagave, beutelweise als Trockenmaterial im Blumengeschäft oder im Bastelbedarf erhältlich.

Spanndraht: Glatter, galvanisierter Eisendraht in verschiedenen Stärken (ca. 0,4 – 3 mm stark), auf der Rolle, mal silberglänzend, mal stumpfgrau, im Baumarkt erhältlich, in der Floristik gut für stabile technische Konstruktionen zu verwenden.

Spraynelken: Büschelblütige, verzweigte Züchtung der Edelnelken, oft auch »Trossnelken« (aus dem Holländischen) genannt, kleine Blüten, große Farbenvielfalt.

Spritzflasche: Plastikflasche in 250, 500 und 1000 ml mit gebogenem Spritzrohr, ideal zum Befüllen von Reagenzgläsern und anderen Wasserröhrchen, vor allem bei Anordnung über Kopf; erhältlich in Apotheken.

Sprühkleber: Vielseitig verwendbarer Klebstoff aus der Spraydose, vor allem für dünnen, großflächigen Klebauftrag. Der Geruch ist streng und braucht ein paar Stunden, um sich zu verflüchtigen.

Steelgrass: Handelsname für ein grasartiges Beiwerk in der Floristik. Stammt vom australischen Grasbaum *Xanthorrhoea australis.* Es ist gleichmäßig grün, steifer und brüchiger als das bekannte Bärengras *Xerophyllum asphodeloides.* Es lässt sich gut in Stücken verarbeiten.

Steckdraht: Starker Floristendraht in ca. 35 cm langen Stücken, galvanisiert (sieht stumpfmetallischgrau aus), einseitig angespitzt. Der meistgebrauchte ist der »16er«, das heißt mit 1,6 mm Durchmesser.

Steckschaum: Auch Steckschwamm oder Steckmasse genannt. Steckunterlage als Ziegel und in vielen Formen wie Kranz und Herz erhältlich, mit dem Messer schneidbar. Es gibt
a) Frischsteckschaum, meist grün, für Schnittblumen (siehe auch Bridy), vor Gebrauch aufs Wasser legen und langsam vollsaugen lassen,
b) Trockensteckschaum, meist grau, grober, stabiler, für Trockenblumen und Stäbe.

Struktur: 1. das haptisch erfahrbare Muster zum Beispiel einer Baumrinde, 2. der innere Aufbau einer Konstruktion, zum Beispiel Waben.

Stützdraht: In der Floristik meist die Bezeichnung für einen mittelstarken Draht, geglüht (galvanisiert) oder grün ummantelt, in ca. 25 bis 30 cm langen Stücken, mit dem man von Natur aus weiche Blumenstiele von innen oder außen verstärken und sie damit in eine dauerhaft gerade oder gebogene Position bringen kann.

Textur: Das Muster und die Oberflächenbeschaffenheit eines Gegenstands, zum Beispiel der Verlauf einer Keramikglasur, das Ringmuster einer Baumscheibe, die seidige Textur eines Schleifenbands usw. Textur und Struktur gehen oft ineinander über.

Tischfries: Länglich-schmale Blumendekoration für den Tisch und die lange Tafel. Als »Blumenfries« allgemeine Bezeichnung für eine bandartige Dekorationen, zum Beispiel an der Bühnenkante.

Trockenmaterialien: Sammelbegriff in der Floristik für getrocknete Pflanzenteile von Blüten, Blättern, Gräsern bis hin zu Zapfen und holzigen Exoten.

Trockenranken: Feines Trockengerank wird unter Floristen auch »Muehlenbeckiagerank« genannt; drahtige trockene Ranken in Knäueln oder Wülsten im Handel, natur-dunkelbraun oder gebleicht, als Füll- und Steckmaterial vielseitig einsetzbar.

Tüll: Benannt nach der französischen Stadt Tulle; Sammelbezeichnung für lockere, netzartige Gewebe (früher vor allem aus Seide oder Baumwolle, heute auch aus Chemiefasern), meist für Gardinen verwendet. Beim gewebten Tüll verlaufen die Schussfäden schräg zu den Kettfäden und umschlingen diese. Anschließend wird der Stoff in die Breite gezogen, das ergibt wabenförmige Löcher. Es gibt gemusterte und bestickte Tüllarten (Tupfentüll, Spitzentüll etc.), gewebten und gewirkten Tüll.

Tüllband: Schmuckband aus Tüll in verschiedenen Breiten und Mustern, in Weiß und Pastellfarben hauptsächlich für Brautsträuße und Hochzeitsdekorationen verwendet.

Verjüngung: Begriff aus der Baukunst. Bezeichnet die Verringerung der Ausmaße, zum Beispiel im Durchmesser einer Säule.

Wasserröhrchen: Auch Steckröhrchen genannt, siehe auch Glasröhrchen und Orchideenröhrchen.

Wasserzerstäuber: Sprühflaschen mit unterschiedlicher Pumptechnik, praktisch um Werkstücke einzunebeln. Die erhöhte Luftfeuchtigkeit setzt die Verdunstung der Blumen herab, sodass sie länger halten. Je feiner der Sprühnebel, desto besser. Für sehr wasser- oder tropfenempfindliche Blüten nicht geeignet.

Werkstoff: Von den Floristen verwendeter Begriff, der meist nur Blumen und andere pflanzliche Materialien in einem Arrangement umfasst.

Werkstück: In der Floristik Fachbegriff für das fertige floristische Gebinde/Arrangement, also Strauß, Gesteck, Kranz etc.

Wickeldraht: Glatter, meist galvanisierter oder kunststoffummantelter Eisendraht (0,4–0,6 mm stark) auf Holz gerollt, in der Floristik am häufigsten zum Wickeln von Kränzen gebraucht.

Zierkordel: Kordeln allgemein sind runde, aus mehreren Fäden verdrehte Schnüre. Zierkordeln sind (im Gegensatz zu technischen Kordeln wie etwa Paketschnur) alle Arten von Kordeln, die für dekorative Zwecke verwendet werden, von dünner Goldkordel bis zur dicken Vorhangkordel.

Zierspargel: Sammelbegriff für verschiedene Asparagus-Arten, die zu dekorativen Zwecken verwendet werden, als Zimmerpflanzen oder als Schnittgrün in der Floristik, vor allem in der Hochzeitsfloristik.

SCHNITTBLUMEN-PFLEGE

Schnittblumen sind von dem sie versorgenden Wurzelsystem getrennt. Ihre maximale Lebensdauer ist je nach Art und Sorte begrenzt. Die meisten halten in der Vase ein paar Tage bis eine Woche, einige auch länger. Um die naturbedingte Haltbarkeit optimal auszuschöpfen, gilt es, die wichtigsten Pflegebedingungen zu beachten. An erster Stelle steht die Wasserversorgung, kombiniert mit Verdunstungsschutz.

• Schon beim Einkauf auf gesund aussehende Ware achten. Lassen Sie sich vom Floristen Ihres Vertrauens beraten.

• Unterwegs Stressfaktoren wie Kälte, Wind, Hitze, Sonneneinstrahlung möglichst vermeiden. Schutz bietet eine gute Verpackung in Papier. Den Transport außerdem so kurz wie möglich halten. Dauert er Stunden, fragen Sie im Geschäft nach einer Transportverpackung (zum Beispiel feuchter Wattebeutel oder nasse Steckmasse).

• Lassen Sie Schnittblumen (egal ob aus dem Blumenladen oder dem Garten) nicht längere Zeit ohne Wasser liegen. Die meisten Schnittblumen reagieren sehr empfindlich auf eindringende Luft in den Stiel. Schneiden Sie nach jedem – auch noch so kurzen – Transport mit einem scharfen, glatten Messer das unterste Stielstück schräg ab und stellen Sie die Blumen sofort ins Wasser.

• Die einzige Alternative zum Messer ist eine Ikebana-Schere. Damit lassen sich die einzelnen Blumen auch sehr gut unter Wasser anschneiden – übrigens die beste Methode. Aber: Blumen niemals mit einer Haushaltsschere abschneiden, denn diese quetscht die Leitungsbahnen zusammen. Dadurch wird die Wasseraufnahme stark behindert und die Blumen welken schneller.

• Schnittblumen außerdem putzen, das heißt von überflüssigem Blattwerk, Seitentrieben und Stacheln etwa im unteren Drittel des Stiels befreien. Das vermindert die Verdunstung und verhindert übermäßige Bakterienbildung durch faulende Blätter im Vasenwasser.

• Vom Transport dennoch schlapp gewordene Blumen sind oft noch zu retten, indem sie angeschnitten, dicht in Zeitungspapier gerollt und für ein paar Stunden tief in lauwarmes Wasser eingestellt oder gleich ganz in die Badewanne gelegt werden.

• Richtig nach Anweisung dosiert hält Blumenfrischhaltemittel das Wasser klar (Glasvasen!) und erspart tägliches Anschneiden und Wasserwechseln. Darüber hinaus liefert es den Blumen Nahrung und verbessert so ihre Chancen einer optimalen Haltbarkeit.

• Blumen auch in der Wohnung (oder auf Balkon/Terrasse) gegen extreme Bedingungen schützen. Achtung bei Sonne, Heizung, Strahler, Gebläse, Zugluft, Wind, Kälte, Regen oder Frost.

• Schneiden Sie die Blumen für einen Strauß oder ein Gesteck unmittelbar vor dem Verarbeiten auf die gewünschte Länge (wieder schräger Schnitt!) und stellen Sie sie sofort wieder in Wasser bzw. nassen Steckschaum.

• Das Einnebeln der Blumen mit einem Wasserzerstäuber hilft gegen Verdunstung in warmen Räumen, wenn ein Blumenarrangement möglichst lange halten soll. Transportable Gebinde sollten bei Wärme wenigstens über Nacht an einen kühleren Platz gestellt werden.

• Je besser Sie die Blumen pflegen, desto länger werden sie halten.

Personenschmuck:
Für den Brautstrauß und alle Blumenschmuckteile, die am Körper (Kopf, Kleid, Schleppe, Schleier, Anzug etc.) getragen werden, gelten folgende Regeln:
• Keine gefärbten Blumen verwenden, denn sie könnten auf die Kleidungsstücke abfärben!
• Keine dornigen Pflanzenteile verwenden (Rosenranken, manche Asparagus-Arten, Brombeerranken etc.), denn sie könnten sich im Stoff verheddern oder die Haut verletzen!
• Keine weichen, saftigen Beeren verwenden (reife Erdbeeren oder Brombeeren, Sanddorn, Johannisbeeren etc.), denn sie könnten zerdrückt werden oder platzen und mit ihrem Saft die Kleidung beschmutzen!
• Keine spitzen Gegenstände, dünnen Stäbe und Drahtenden überstehen lassen, denn sie könnten irgendwo hängenbleiben und jemanden verletzen!

Brautstrauß:
Der Strauß, den die Braut über Stunden trägt, sollte leicht an Gewicht sein und gut in der Hand liegen. Bei abfließenden Formen muss die Länge genau auf die Größe der Braut abgestimmt sein, damit sie nicht über zu lange Ranken oder Bänder stolpert. Gestalterisch gesehen sollten Brauttyp, Kleid und Blumenschmuck eine harmonische Einheit bilden. Einfachstes Mittel: Farben, Formen und Strukturen aufgreifen und wiederholen.

Spiral-Bindetechnik:
Die Grundtechnik des Straußbindens lässt sich auch auf einige Brautstraußtypen anwenden. Nehmen Sie zwei Blumenstiele, die sich senkrecht im spitzen Winkel überschneiden, in die linke Hand (Linkshänder umgekehrt) und fügen Sie mit der rechten Hand von vorne die dritte Blume ebenso schräg hinzu, sodass deren Blüte nach links oben schaut. Legen Sie alle weiteren Stiele von Blumen und Beiwerk rundum immer schräg an. Bitte aufpassen, dass sich die Stiele nie kreuzen. Weiche Stiele könnten sonst schnell abgequetscht werden. Zum Schluss halten Sie an der engsten Stelle ein oben und unten gespreiztes, spiralig angeordnetes Bündel in der Hand, ähnlich wie verdrehte Mikadostäbe. An der schmalen Stelle mit Bast zusammenbinden. Oberhalb der Bindestelle sollten viele buschige, füllige Teile eingebunden sein. Das stabilisiert die Straußform und erleichtert im Übrigen das Binden.

Brautstrauß-Techniken:
In diesem Buch sind einige sehr aufwändige Techniken vereinfacht bzw. ausgelassen worden, denn wenn schon geübte Profi-Floristen für so manchen Brautstraußtyp Stunden brauchen, dann verliert man als Hobby-Florist garantiert die Lust. Und das Blumen binden zur Hochzeit soll ja schließlich Spaß machen! Die beschriebenen Techniken lassen Ihnen einen weiten Spielraum für eigene Variationen. Zum Fertigen eines Brautstraußes auf Bridy kann man den Griff auf Arbeitshöhe in einen Brautstraußständer klemmen oder man steckt ihn in eine hohe, standfeste Vase mit Trockensteckschaum. Solange man nur kurzgeschnittene Blumen in den Bridy steckt und nicht über den 90°-Winkel hinaus nach unten arbeiten möchte, ist das Brautstrauß stecken einfach. Längere oder nach unten gerichtete Blumen müssen angedrahtet und an der endgültigen Stelle in den Frischsteckschaum des Bridy-Kopfes gezogen werden. Das überstehende Drahtende wird umgebogen und über eine Strebe des Plastikgitters zurück in die Steckmasse gesteckt. Ohne den Drahthaken würden diese Blumen schnell herausfallen.

Manschetten:
Zu kaufen gibt es Straußmanschetten aus Papier, um das Loch herum plastikverstärkt, aus Tüll, einfach oder mehrschichtig, glatt

oder gewellt, aus Spitze und anderen Textilien und aus Kunststoff. Scheiben- oder kranzwulstartige Manschetten können Sie aus Ranken selber winden und mit drei Drähten, die parallel zu den Stielen laufen, auf der richtigen Höhe halten. Auch aus normaler Pappe können Sie Manschetten herstellen. Alle diese Basisprodukte können Sie nach Ihrer Fantasie abwechslungsreich gestalten durch Bekleben, Umwickeln, Bemalen etc. Wichtig ist, dass ein fließender Übergang zwischen Manschette und Blumen geschaffen wird.

Griff:
Ob Naturstiele, künstliche Stiele oder Bridy, der Griff des Brautstraußes sollte immer mindestens so lang sein wie die Hand der Braut breit ist, besser ein klein wenig länger. Zu lang stört nur, zu kurze Stiele kann man nicht richtig greifen. Der Griff sollte außerdem angenehm weich zu fassen sein. Einen zu dünnen Griff kann man leicht mit etwas Watte oder Sisalfaser aufpolstern. Der Griff sollte wegen der Stabilität immer mit einem technischen Band (Kautschukband) und darüber wegen des besseren Aussehens mit einem schönen Schmuckband abgewickelt werden. Naturstiele werden, wenn überhaupt gewünscht, erst kurz vor dem Tragen abgewickelt, damit die Blumen so lange wie möglich im Wasser stehenbleiben können.

Auffädeln:
Es gibt grundsätzlich zwei verschiedene Möglichkeiten, Pflanzenteile aufzufädeln. Einmal kann ein nicht zu dünner Draht durch die Teile hindurch gesteckt werden. Gegebenenfalls müssen zu harte Früchte oder Blätter vorgestochen werden. Die floralen Elemente können zu dichten Ketten aneinander gereiht oder in in loser Folge mit weiten Abständen aufgefädelt werden. Die zweite Möglichkeit ist das Aufwickeln von Blüten, Blättern, Stielchen, Beeren auf Draht. Dabei muss man darauf achten, dass die Drahtwicklung fest sitzt, sonst rieselt es später. Vor allem dünne Stiel- oder Grasstücke sollten zur Sicherheit noch einmal kurz gegengedreht werden.

Kranz wickeln:
Die Unterlage für Kopfkränzchen ist im Gegensatz zu Tisch- oder Türkränzen sehr dünn. Es wird nicht auf einen Strohkörper gewickelt, sondern auf einen Draht. Ansonsten ist die Wickeltechnik gleich. Der Wickeldraht – für sehr feine Arbeiten nimmt man auch Myrtendraht – wird an der linken Ringseite befestigt. Buschiges, quirliges Grün oder kleinstrukturierte Blumen wie Schleierkraut werden mit den Stielen nach unten angelegt und mit der linken Hand festgehalten. Mit der rechten Hand wird der Draht von innen nach außen darüber und auf der Unterseite wieder zurück durch die Öffnung geführt usw. Einzelne Blüten oder Perlen können als zusätzliche Verzierung später noch aufgeklebt werden. Kopfkränzchen können in gleichmäßiger Stärke gewickelt werden oder aber sich nach hinten verjüngen. Letztere Version ist etwas schwieriger, weil man auf fließende Übergänge achten muss.

Glanzpunkte setzen:
Zu den überwiegend matten Reflektionen von Naturmaterial können gerade zu einem so festlichen Anlass wie einer Hochzeit auch noch einige künstliche Glanzpunkte gesetzt werden. Dafür eignen sich glänzende Zierdrähte aller Art, Perlen, Strasssteinchen, Pailletten, Spiegelchen, Glaskristalle, Flitterband, Gold- und Silberkordel, echtes Blattgold und Blattsilber zum Auftragen, schimmernde Satinbänder und vieles mehr. Aber bitte nicht übertreiben – ein paar glänzende, glitzernde Effekte genügen. Im Mittelpunkt des Blumenschmucks sollte immer die Blume stehen.

DEN BRAUTSTRAUSS TROCKNEN

Als Erinnerung an den schönsten Tag möchten viele Bräute gerne ihren Brautstrauß erhalten und vielleicht sogar einrahmen. In diesem Fall sollte man schon bei der Auswahl der Blumen darauf achten, dass es Arten sind, die von Natur aus schön eintrocknen. Rosen, Nelken, Schleierkraut und Strandflieder gehören dazu, aber auf keinen Fall Tulpen und Maiglöckchen. Wer ganz sicher gehen will, wendet sich an seinen Floristen. Ein Brautstrauß mit stabiler Gerüstkonstruktion, zum Beispiel einer Ranken- oder Pappmanschette, macht es einfacher, die Straußform zu bewahren. Man kann den Strauß aber auch vom Profi auseinandernehmen, die einzelnen Blumen präparieren und wieder zusammensetzen lassen. Eine aufwändige Arbeit, die ihren Preis hat. Dafür hält ein solchermaßen konservierter Brautstrauß aber auch Jahre; damit die Frischvermählte der Tradition des Brautstraußwerfens trotzdem genügen kann, sollte ein zweiter, etwas einfacherer Strauß gleich mit angefertigt werden.

Hier eine Auswahl von Blumen und Beiwerk, die sich recht gut im Brautstrauß trocknen lassen. (Die hier nicht aufgeführten botanischen Namen finden Sie in der Liste mit Pflanzennamen auf Seite 76.)

Bärengras (*Xerophyllum asphodeloides*)
Buchsbaum
Eukalyptus-Blätter
Fette Henne
Flockenblume (*Centaurea montana*)
Fuchsschwanz (*Amaranthus caudatus*)
Galaxblätter
Grasblüten
Grasnelke (*Armeria maritima*)
Hagebutten
Hahnenkamm-Celosie (*Celosia argentea* var. *cristata*)
Heidekraut
Hopfen (*Humulus lupulus*)
Hortensie
Hyazinthen-Einzelblüten
Japanischer Staudenknöterich (*Fallopia japonica*)
Johanniskraut-Beeren
Jungfer-im-Grünen
Katzenpfötchen
Kugeldistel (*Echinops ritro*)
Lampionblume (*Physalis alkekengi*)
Lavendel
Lorbeer-Blätter (*Laurus nobilis*)
Louisiana-Moos (*Tillandsia usneoides*)
Mohnkapseln (*Papaver*)
Myrte
Nelke
Palmfrüchte
Perückenstrauch (*Cotinus coggygria*)
Pfefferbeeren
Pistazien-Laub
Ranunkel (*Ranunculus asiaticus*)
Rhododendron-Blätter
Rose
Schachtelhalm (*Equisetum hyemale*)
Schleierkraut
Schneeball-Früchte
Silberlinge (*Lunaria annua*)
Skimmia-Beeren (*Skimmia japonica*)
Steelgrass
Sterndolde (*Astrantia major*)
Strandflieder, Statice (*Limonium latifolium, L. sinuatum*)
Strohblumen
Thymian
Trommelschlägel (*Craspedia globosa*)
Vogelbeeren, Eberesche (*Sorbus aucuparia*)
Vogelmilchstern (*Ornithogalum thyrsoides*)
Waldreben-Ranken
Weidenkätzchen (*Salix caprea*)
Wollziest-Blätter
Zierlauch-Blütten
Zwergmispel (*Cotoneaster*)

TIPPS FUR DIE PLANUNG

• Der Blumenschmuck ist zwar nur eines von hundert Dingen, die bei der Planung und Organisation einer Hochzeit zu bedenken sind, aber ganz sicher nicht das unwichtigste. Die Blumendekoration bildet den stimmungsvollen Rahmen für das Hochzeitsfest und sorgt dafür, dass es dem Brautpaar wie den Gästen als unvergesslich schönes Ereignis in Erinnerung bleibt. Es lohnt sich also auf jeden Fall, auch für die Blumen, vom Brautstrauß bis zum Tafelschmuck, ein einheitliches Konzept zu entwickeln.

• Normalerweise sind die Brautleute an den Vorbereitungen intensiv beteiligt oder nehmen sie ganz selbst in die Hand. Aber ohne Helfer geht es natürlich nicht. Im Gegenteil: je mehr, desto besser. Das gilt auch für die Erstellung der Blumendekoration, sofern nicht alles komplett beim Floristen in Auftrag gegeben wird.

• Die Checkliste auf den Seiten 88 und 89 gibt einen schnellen Überblick über mögliche Werkstücke und zeigt, dass der Blumenschmuck zur Hochzeit weit über Brautstrauß und Ansteckblume hinausgehen kann! Je aufwändiger die Ausschmückung sein soll, desto sinnvoller ist es, wenigstens einen großen Teil der Arbeit dem Floristik-Profi zu überlassen. Die persönliche Geste kann dazu ergänzt werden, zum Beispiel dass die Freundinnen der Braut den Brautschleier schmücken und die Kränze für die Blumenstreukinder binden oder dass jemand aus der Familie für alle Gäste kleine Corsagen vorbereitet.

• Wichtig: Sollen die floristischen Gebinde ganz oder teilweise im privaten Kreis selbst gemacht werden, muss ein genauer Plan erstellt werden, wer wann an welchem Teil arbeitet, sonst verzettelt man sich schnell. Außerdem ist zu beachten, dass die meisten Blumenschmuckarbeiten für eine Hochzeit erst kurz vor dem Ereignis gemacht werden können, damit die Blumen für die Dauer der Zeremonie und des Hochzeitsfestes halten.

• Zum Ende der Vorbereitungen hin wird die Zeit immer knapp. Bei der Planung des Blumenschmucks ist deshalb auch zu überlegen, welche Arbeiten schon früher vorgenommen werden können. Man kann zum Beispiel schon Tage vorher Straußunterlagen oder Gerüste aus Draht fertigen, Haarspangen mit haltbarem oder trockenem Pflanzenmaterial umwickeln, Manschetten aus Pappe und Tüll vorbereiten. Bei der Auswahl der Werkstücke in diesem Buch haben wir darauf geachtet, dass auch solche Beispiele dabei sind. So lässt sich besser und in Ruhe arbeiten.

• Für alle frischen Blumenarbeiten gilt: je kurzfristiger gemacht, desto besser, maximal am Tag vor der (morgentlichen) Trauung. Wenn die fertigen Werkstücke wie Brautstrauß, Anstecker oder Blütencollier mehrere Stunden, vielleicht über Nacht, aufbewahrt werden müssen, dann am besten kühl und unter Folie, die mit Stäbchen auf Abstand gehalten wird. So wird die Verdunstung herabgesetzt und auch Blüten ohne Wasserversorgung machen nicht so schnell schlapp. Wer in Bezug auf die Haltbarkeit der verschiedenen Blumenarten unsicher ist, sollte sich mit erfahrenen Fachleuten beraten.

• Brautschmuck – insbesondere der Brautstrauß – ist eine diffizile Angelegenheit. Wer völlig ungeübt ist, aber dennoch gerne den Traum-Brautstrauß für die Freundin fertigen möchte, sollte ihn zumindest einmal vorher ganz zur Probe binden. Schließlich muss am großen Tag alles bis ins Kleinste stimmen!

CHECKLISTE BLUMEN

Braut

- Brautstrauß (Straußform, gebunden, gesteckt oder alternative Formen wie Schal, Muff, Füllhorn, Kugel etc.)
- Zweitstrauß zum Werfen
- Kopfschmuck (Brautkranz, Diadem, Haar-Corsage auf Kamm oder Spange, Hutschmuck, Schleierschmuck, Einzelblüten etc.)
- Körperschmuck (Corsage am Ausschnitt, Schulter-Corsage, florale Schleppe, Ansteckstäußchen auf dem Rock, Floral-Collier, Schuh-Corsage etc.)

Bräutigam

- Corsage (Knopflochblume, Ansteckstäußchen, moderne Revers-Corsage etc.)
- sonstiger Floralschmuck (florale Krawatte oder Fliege, floraler Kummerbund etc.)

Begleitpersonen

- Blumenstreukinder: Haarkränzchen, Anstecker, Körbchen mit Streublumen, Schulter-Corsage
- Brautjungfern: Haar- oder Hutschmuck, Brautjungfernsträußchen, Schulter-Corsage
- Trauzeugen, weiblich: dezenter Kopfschmuck, Corsagen
- Trauzeugen, männlich: Revers-Corsagen

Familienangehörige

- Braut-/Bräutigammutter: dezenter Haar- oder Hutschmuck, Corsage
- Braut-/Bräutigamvater: Revers-Corsage oder Knopflochblume
- Großeltern und sonstige Verwandte des Brautpaares: ähnlicher dezenter Blumenschmuck

Weitere Personen

- Betreuer und Helfer: einheitliche Blumenanstecker oder für die Damen florale Ketten
- Musiker: Anstecker wie oben
- Gäste: kleine Anstecker als Angebot

Kirchen-Dekoration

- Portal außen: Türkranz, Girlandenbogen, Bäumchen-Paar
- Kirchenbänke: Brautbögen/Spalier, Banksträußchen, Tüten
- Balustrade: Girlanden, Gestecke
- Trauungsgestühl: Girlanden, seitliche Gestecke
- Altarraum: Gestecke am Boden und auf Dekoständer
- Altar: Girlanden, Gestecke, Kerzenleuchter-Schmuck
- Bibelpult: Girlanden
- Orgelempore: Girlanden, Gestecke mit Ranken
- Säulen: Spiral-Girlanden, Stabschmuck
- sonstige Stellen: Gestecke, Girlanden

Dekoration für das Hochzeits-Gefährt

- Hochzeitskutsche/Pferde: Sträußchen, Girlanden oder Blütenketten
- Hochzeitsauto: Gesteck für Motorhaube, Girlanden, Sträußchen oder Tüten an den Türen, Ringe oder Herzformen
- weitere Wagen: kleinerer Schmuck als der Brautwagen (keine Ringe und Herzen)

Festraum-Dekoration

- Raumobjekte: Gestecke auf Dekoständern
- Wand: Girlanden, Kränze
- Fenster: transparente Gestecke oder florale Vorhänge
- Tür/en: Türkränze, Girlanden, Rosenbogen, Bäumchen-Paar am Eingang
- Buffettisch: hohe Sträuße oder Gestecke, Girlande für Tischkante

Tafel-Dekoration

- Tisch des Hochzeitspaares: symmetrischer Tischschmuck, Akzent im Fries, Kerzenständerschmuck, Symbolformen wie Ringe oder Herzen
- Platz/Set des Hochzeitspaares: Platztellerumrandung, gestreute Rosenblütenblätter, Serviettenschmuck, Tellerblume
- Stühle des Hochzeitspaares: Blumenanstecker auf Hussen, Girlanden an der Lehne, Kränzchen, mit Blumen-Stäben erhöhte Lehnen
- Tische und Stühle der Gäste: Blumenschmuck wie am Brauttisch, nur dezenter

LITERATURVERZEICHNIS

BÜCHER

Die verwendeten Bücher älterer Herkunft sind über Bibliotheken zu beziehen, falls sie nicht mehr im Buchhandel erhältlich sind.

Aderholz, M.: Der perfekte Hochzeitsplaner. So gelingt Ihr schönstes Fest. Urania Verlag, Berlin 2000

Beuchert, M.: Symbolik der Pflanzen. Von Akelei bis Zypresse. Insel Verlag, Frankfurt/M. 1995

Bürger, A.: Schöne Orchideen. Verlag E. Ulmer, 3. Aufl., Stuttgart 2000

Bürki, M., Fleischli, P.: Schnittblumen, Schnittgrün und Fruchtzweige. 3. Aufl., Thalacker Verlag, Braunschweig 2001

Cheers, G. (Hrsg.): Botanica. Könemann Verlagsgesellschaft, Köln 1998

Donzel, C.: Geliebte Blumen. Eine Kulturgeschichte. Gerstenberg Verlag, Hildesheim 1998

Encke, F.: Kalt- und Warmhauspflanzen. 2. Aufl., Verlag E. Ulmer, Stuttgart 1987

Erhardt, W., Götz, E., Bödeker, N., Seybold, S.: Zander – Handwörterbuch der Pflanzennamen. 16. Aufl., Verlag E. Ulmer, Stuttgart 2000

Fischkal, S.: Festliche Tischdekorationen. Brunnen-Reihe, Christophorus Verlag, Freiburg 2001

Granow, G.: Blumen stecken und binden. Verlag E. Ulmer, Stuttgart 1999

Grob, H., Hensler, A., Kaiser, N., Schmidl, C., Wiegand, I., Bitsch, B., Haenitsch-Weiß, S.: Tischdekorationen für die Hochzeit. Reihe »Ideen über Ideen«, Falken Verlag, Niedernhausen 1997

Grob, H., Hensler, A., Kaiser, N., Schmidl, C., Wiegand, I.: Blumenschmuck für das Brautpaar. Sträuße, Kopf- und Reversschmuck. Falken Verlag, Niedernhausen

Haufe, G.: Hochzeitsromantik. Teil 1: Brautschmuck, Kopfschmuck, Körperschmuck. (Ringbuch), Donau Verlag, Münster 1994

Haufe, G.: Hochzeitsromantik. Teil 2: Autodekoration, Kirchendekoration, Tischdekoration. (Erweiterung, Loseblattausgabe), Donau Verlag, Münster

Itten, J.: Kunst der Farbe. 25. Auflage, E. A. Seemann, Leipzig 1999

Klett, W., Assmann, P.: 150 Jahre Brautschmuck. Donau Verlag, Münster, 1996

Koopmans, R. (Hrsg.): Brautsträuße. Zeit der Gefühle. Thalacker Verlag, Braunschweig 1994

Kratz, M.: Blumen für das Grab. Floristische Ideen für das ganze Jahr. Verlag E. Ulmer, Stuttgart 2001

Kratz, M.: Blumen für den Tisch. Dekorative Ideen für festliche Tafeln. Verlag E. Ulmer, Stuttgart 2001

Kratz, M.: Blumen im Frühling. Floristik mit zarten Blüten. Verlag E. Ulmer, Stuttgart 2002

Kratz, M.: Blumen im Winter. Floristische Ideen von November bis März. Verlag E. Ulmer, Stuttgart 2000

Kratz, M.: Floristik mit Rosen. Dekorative Ideen für jedes Ambiente. Verlag E. Ulmer, Stuttgart 2001

Lippe, S.: Alte und neue Hochzeitsbräuche. Originelle Ideen fürs schönste Fest. Falken Verlag, Niedernhausen 2001

Lohrengel, M., Gruber, B.: Hochzeit! DuMont Buchverlag, Köln 1999

Schubert, M.: Wohnen mit Blumen. 18. Aufl., BLV Verlag, München 1998

Schuber, R., Wagner, G.: Botanisches Wörterbuch. 12. Aufl., Verlag E. Ulmer, Stuttgart 2000

Sprunger, S., Wieler, M.: Trockenmaterialien für die Floristik. Verlag E. Ulmer, Stuttgart 1992

Wagener, K.: Just married! Blumen für die Hochzeit. Floristik Marketing Service, Ratingen 1999

Wegener, U.: Brautsträuße. Formen, Themen, Technik, Gestaltung. Verlag E. Ulmer, Stuttgart 1997

ZEITSCHRIFTEN

Teils floristisch-gestalterisch, teils gärtnerisch ausgerichtet sind einige Zeitschriften, die sich mit Blumen und Pflanzen beschäftigen. Fragen Sie auch nach Sonderausgaben zum Thema Hochzeitsdekorationen.

»BLOOM's«, Sonderheft »BLOOM's Hochzeit« FMS Verlag, Ratingen, 2001

»FLORA«, Gruner & Jahr, Hamburg

»Floristik international« (Fachzeitschrift für den Blumeneinzelhandel), Verlag E. Ulmer, Stuttgart

»Schöner Wohnen Decoration«, Themenheft »Hochzeit. Ideen für das Fest der Feste« 2/99, Gruner & Jahr, Hamburg

Auch in den einschlägigen Hochzeitsmagazinen (»Ja! Ich will«, »Hochzeit«, »Erlebnisguide happy wedding«, und andere mehr) finden sich Tipps aller Art; allerdings meist weniger Informationen zum Blumenschmuck.

REGISTER

Autorin

Monika Kratz ist nach Floristausbildung, Germanistik- und Kunstgeschichtsstudium sowie der Chefredaktion einer floristischen Fachzeitschrift heute freiberuflich tätig als Fachjournalistin im Bereich Floristik. Sie schreibt für Fachzeitschriften im In- und Ausland, Special-interest-Zeitschriften und Fachbücher und führt als Moderatorin durch floristische Fachveranstaltungen. In ihrer eigenen, 2001 gegründeten MOKRA-Veranstaltungsreihe »Wege zu Kunst und Kultur« schafft sie ein Forum, wo Menschen der unterschiedlichsten Begabungen, Berufe und Interessensgebiete sich begegnen und kommunizieren können. Gestaltung mit Blumen gehört dazu.
Monika Kratz hat das floristische Konzept für das vorliegende Buch und die Reihe »UlmerFloristik« entwickelt. Bisher erschienen sind: »Blumen im Winter – Floristische Ideen von November bis März« (2000), »Blumen für den Tisch – Dekorative Ideen für festliche Tafeln« (2001), »Floristik mit Rosen – Dekorative Ideen für jedes Ambiente« (2001), »Blumen für das Grab – Floristische Ideen für das ganze Jahr« (2001) und »Blumen im Frühling – Floristische Ideen mit zarten Blüten« (2002). Außerdem erschienen: »Tor Gundersen – Werke«, Verlag E. Ulmer, Stuttgart 2002.

Monika Kratz · Ginsterweg 61 · 50169 Kerpen
Tel. 02273 – 94 17 71 · Fax 02273 – 94 17 72
E-Mail: MoKratz@aol.com

Floristik

Die floristischen Ideen in diesem Buch hat das junge Floristmeister-Ehepaar **Sonja und Dirk Walterscheid** praktisch umgesetzt. Sie sind beide derzeit tätig im Blumenhaus Walterscheid in Winterscheid, gelegen zwischen Köln und Bonn. Den elterlichen Betrieb übernahm der Junior Anfang 2001.

Blumenhaus Walterscheid · Hauptstraße 67 · 53809 Winterscheid
Tel. 02247 – 22 10 · Fax 02247 – 86 69

Fotograf

Die Aufnahmen der floristischen Werkstücke zum Thema »Hochzeit« wurden realisiert von

Fotografie **Ralf Leinburger**
Moltkestr. 89 · 50674 Köln
Tel. 0221 – 51 14 73 · Mobil 0170 – 387 08 87
E-Mail: rleinburger@t-online.de

Dank

Viele Menschen sind an diesem Buchprojekt beteiligt – allen ein herzliches Dankeschön! Insbesondere möchte ich diesmal Anke Ruf und Ina Vetter vom Ulmer-Lektorat sowie der Layouterin Birgit Beyer danken, auf die ich auch in schwierigen Situationen bauen konnte. Ein Extra-Dank richtet sich an O.G.A., meinen Lebensgefährten und aufmerksamsten Kritiker, für seine Diskussionsbereitschaft und das unverzichtbare Gegenlesen.

Lassen Sie sich durch Blumen inspirieren.

Wie lassen sich unsere Wohnräume auch in der tristen, kalten Jahrezeit lebendig gestalten? Mit den schönsten Blumen des Winters macht das besondere Freude – ob mit Schnittblumen, Exoten oder blühenden Zimmerpflanzen. In diesem Buch werden 16 außergewöhnliche Arrangements beschrieben, vom zarten Adventskranz in Wachs bis zum kostbaren Tafelschmuck mit Orchideen. Was man den Arrangements nicht ansieht: sie sind verblüffend einfach und schnell nachzuarbeiten, mit wenig Mitteln und ohne besondere Vorkenntnisse. Besonders beachtenswert: hier liegt eine erfrischende Mischung aus Bilderbuch und Bastelanleitung vor, das neben den Arbeitsschritten auch die Gestaltungsprinzipien und deren Hintergründe erklärt. Der Leser erhält viel Information und Grundwissen rund um die Werkstücke, dazu viele Tipps und Anregungen für Variationsmöglichkeiten.

Blumen im Winter. *Floristische Ideen für November bis März. M. Kratz. 2000. 94 S., 56 Farbf. ISBN 3-8001-6772-7.*

Wie lassen sich die vielen Facetten der Rose dekorativ hervorheben? Ob zartes Moosröschen oder prächtige Freilandrose – das ganze Jahr über können wir mit der beliebtesten aller Blumen unsere Wohnräume stimmungsvoll gestalten. In diesem Buch sind 30 außergewöhnliche Arrangements beschrieben, vom klassischen Rosenpokal bis zum modernen Kranz – sie alle zeigen die Rose in ihrem schönsten Licht. Wichtig: Alle Werkstücke basieren auf einfachen Techniken und sind auch ohne Vorkenntnisse leicht nachzuarbeiten. Gestalten Sie mit!

Aus dem Inhalt

Ein Korb voll Rosen und Früchte. Girlanden aus Rosen und Hagebutten. Englische Rosen im Silberpokal. Streubild aus Blütenblättern. Viktorianischer Rosenkorb. Herzen, Fächer und Sträuße mit Rosen. Kränze frisch und trocken.

Floristik mit Rosen. *Dekorative Ideen für jedes Ambiente. M. Kratz. 2001. 94 Seiten, 56 Farbfotos. ISBN 3-8001-6770-0.*

Wie wird der ganz alltägliche Mittagstisch zum festlichen Augenschmaus? Wie kann der alte Beistelltisch in neuem Glanz erstrahlen? Gleich welcher Anlass – auf die gute Idee kommt es an! Dieses Buch zeigt 32 attraktive Tischdekorationen für viele Anlässe. Bei aller optischen Raffinesse sind die Techniken einfach und ohne Mühe oder besondere Vorkenntnisse nachvollziehbar. Überzeugen Sie sich selbst!

Aus dem Inhalt

Sonnenblume für den Singletisch. Blütenherz für zwei. Ich lad' die Omi zum Kaffee ein. Gedeckschmuck für einen Ehrengast. Witziger Lampion-Party-Tisch. In trauter Runde. Festliche Familientafel. Sandkasten- und Planschbeckentisch. Kürbistafel zu Halloween. Der Tisch zum Thema Blau. Tischblumen und Gräser unter Glas.

Blumen für den Tisch. *Dekorative Ideen für festliche Tafeln. M. Kratz. 2001. 94 Seiten, 56 Farbfotos. ISBN 3-8001-3401-2.*

Lassen Sie sich durch Blumen inspirieren.

Spanische Pfefferschoten mit Saubohnen angerichtet ergeben sicher eine delikate Mahlzeit, können aber auch auf ganz andere Weise verführen – als Grundmaterialien zu floristischen Appetitanregern verarbeitet, erhalten sie plötzlich neue ungeahnte Qualitäten. Ob Artischocken, Maisblätter oder Ringelblumen, ob Rote Bete, Kirschen oder Zucchini – der belgischen Autorin und Floristin gelingt es auf faszinierende Weise, den Formen, Farben und der Gestalt ganz gewöhnlicher Nahrungsmittel zu außergewöhnlicher Wirkung zu verhelfen. Wer dabei Lust bekommt, nicht nur bei den Fotos zu verweilen, kann mit Hilfe der aufgelisteten Materialien selbst aktiv werden und sich dabei an den beschriebenen Arbeitsschritten orientieren.

Dekorieren mit Blumen und Früchten. *61 floristische Werkstücke mit Arbeitsanleitung. R. Gijbels. 132 Seiten, 62 Farbfotos. ISBN 3-8001-5301-7.*

Frühlingsblumen sind etwas ganz Besonderes. Sie sind die ersten bunten Farbtupfer nach dem langen Winter, und die Freude über das Erwachen der Natur erfüllt uns jedes Jahr aufs Neue. Viele kleine Dinge symbolisieren für uns den Frühling: Das neue Wachstum, die frischen Farben, der köstliche Duft. Wie lässt sich durch Blumen unsere frohe Erwartungshaltung ausdrücken? Zahlreiche Ideen, von schlicht und leicht bis üppig und bunt, zeigen uns die vielseitigen Gesichter des Frühlings. Die Werkstücke sind ganz einfach selbst herzustellen. So kann der Frühling auch im Haus Einzug halten.

Aus dem Inhalt

Form und Struktur: Kostbarkeiten und Mini-Sträuße aus besonderen Blüten. Licht und Farbe: ein transparenter Narzissen-Paravent, eine Pflanzschale für den Garten. Duft: Flieder, Maiglöckchen und Levkojen.

Blumen im Frühling. *Floristische Ideen von März bis Mai. M. Kratz. 2002. 96 Seiten, ca. 60 Farbfotos. ISBN 3-8001-6771-9.*

Grabschmuck selbst fertigen und zum Friedhof tragen – das verbindet uns besonders innig mit den Menschen, die von uns gegangen sind. Wie kann man mit Schalen, Sträußen oder Kränzen die vorhandene Grabgestaltung akzentuieren? Welche Symbole geben Sinn? Und wie lässt sich auch aus einfachsten Materialien das ganze Jahr über Grabschmuck herstellen? 36 Ideen zeigen, wie vielseitig man Gräber mit Blumen schmücken kann. Das Besondere: alle Werkstücke sind komplett kompostierbar. Das hilft, die Friedhofskultur zu pflegen und zu bereichern.

Aus dem Inhalt

Sträuße für hohe oder kurze Vasen, mit Chrysanthemen oder Calla. Kränze und Girlanden aus Weiden, Birken oder Nelken. Symbole: ein Kreuz aus duftigen Blüten, Rosenherz als Liebesgabe, tröstende Mimosen. Schalen und Körbe, schlicht bepflanzt oder voller Blumen.

Blumen für das Grab. *Floristische Ideen für das ganze Jahr. M. Kratz. 2001. 96 Seiten, zahlreiche Farbfotos. ISBN 3-8001-3275-3.*